靈蹟實記

영적실기

동귀일체

간사

　『동귀일체(同歸一體)』모임이『영적실기(靈蹟實記)』발행을 처음 계획한 것은 지금으로부터 5년 전, 포덕 144년(2003년) 4월 12일 제8차 모임에서이다. 4세 스승님(수운 최제우, 해월 최시형, 의암 손병희, 춘암 박인호) 이후 동학 천도교가 내우외환(內憂外患)의 어려움 속에서도 풀뿌리 같은 생명력으로 면면히 그 명맥을 이어오고 있는 것은 다름 아닌 수운(水雲) 심법의 수련 문화라 생각했기 때문이다. 또 가장 민중적이면서도 전 인류적인 동학 천도교가 이처럼 쇠잔(衰殘)하게 된 데에는 체계적인 전문 교역자 양성제도의 미비(未備)와 봉사정신의 부족 등에서 기인한 것이기도 하겠지만, 무엇보다 수련의 문화가 실종된데 있다고 보았기 때문이다.

　『동귀일체(同歸一體)』에서는 그간 4년에 걸쳐 전국에 계신 수도원장님과 수련의 경지가 높으신 사모님과 선생님, 동귀일체 회원들의 옥고와 체험담에 대한 구술(口述)을 바탕으로 그분들이 일상생활에서 겪었던 삶의 모습과 깨달음, 수련을 통한 제인질병(濟人疾病)과 신통력 등의 내용들을 꾸준히 모아 왔다. 이제 그 이야기가 47개가 되어 책으로 낼 때가 되었다. 책 속에 소개되는 수련(修鍊)에 의해 일어나는『영적(靈蹟)』에 대한 이해는 의암 손병희 선생 법설 제 8 장 대종정의(大宗正義) 중 '오교(吾敎)의 신인시대(神人時代)'로 대신하고자 한다.

수운 대선생(최제우)께서는 철학으로서 추구할 수 없는 영적(靈蹟)으로 깊은 물과 소나기 속에 그냥 가시어도 의복과 두건이 젖지 않았으며 손으로 만지고 마음으로 생각하시어 사람의 병을 고치셨다. 영적(靈蹟)은 사람의 지혜와 능력으로 뽑아내기 어려운 것으로 한울님의 대표로 한울님의 능력을 행사하는 자연의 활기(活機)이니 이 영적의 거쳐 온 근본적 신기(神機)는 말과 글로 표상할 수 없다. 한울님의 영적은 무극한 것이요, 사람의 지혜는 유한에 범위한 것이므로 유한으로써 무극을 대조함에 안광이 늘 미치지 못하여 의심을 낳고 비방을 일으킨다. 한울님과 스승님은 일체이위(一體二位)로서 다만 유형과 무형의 구별이 있을 뿐이다. 비와 병(病)은 무형한 한울의 능력이요, 비속에 그냥 가도 젖지 않는 것과 병에 약을 아니 써도 낫게 하는 것은 유형한 한울님의 능력이니 먼저의 능력과 뒤의 능력이 전부 한 기틀 속에서 짜내는 것이다.

쇠운(衰運)이 지극하면 성운(盛運)이 도래한다고 하였다.『동귀일체(同歸一體)』모임에서 발행하는 『영적실기(靈蹟實記)』가 천도교를 믿는 동덕(同德)들에게 모쪼록 수련문화의 정착과 신앙심 부활의 계기를 마련해 주고 일반인들에게는 천도교가 단지 도덕(道德)이 아닌 한울님과 직접 소통하는 종교로서의 면모를 어렴풋이나마 알게 해 주는 계기가 되었으면 하는 바람이다.

4년 동안 함께 글감을 모으고 정리해 주신 김창석 동귀일체 부회장님을 비롯한 동귀일체 회원 여러분들과, 체험담을 보내주시고 조언을 아끼지 않으신 수도원장님들(조동원·이소원·박남성)과 선생님 및 사모님들, 책 발간에 대해 남다른 애정과 관심으로 지도조언해주신 고(故) 태암 오명직 선도사님, 삽화를 그려주신 김덕중 화백님, 출판에 도움을 주신 글나무 대표님께 진심으로 감사의 말씀을 드립니다.

포덕 149년 4월 25일
천도교 동귀일체 회장 오제운 심고

례....

발간사

동학(천도교) 수도법

1. 정성

시심 천국 / 24

정성(精誠) / 28

정성은 결코 헛되지 않는다 / 30

소 열 마리 / 36

지극한 정성은 하늘도 감동시킨다 / 40

2. 공경

내게 한울님을 보여주세요 / 46

귀빠진 날 / 50

성격(性格) / 54

폭탄주(爆彈酒) / 58

큰절 / 64

쌀 한 톨의 가치 / 68

靈蹟實記

3. 믿음

자신(自信) / 72

천도는 있다 / 78

음식은 변하면 버려야 하고, 사람도 변하면 못 쓴다 / 82

교대 편입시험 / 86

4. 천지부모

그 어느 여름날의 천심(天心) / 92

자지 끝에서 나온 놈아 / 98

비옷 / 102

5만원이 주는 의미 / 106

덕(德)에 대하여 / 110

스마일 맨 / 114

5. 입도와 수도

신앙의 첫 출발 / 120

가족 일괄 포덕 / 124

첫 수련을 마치고 / 128

멀리서 구하지 말고 나를 닦으라 / 132

하염없이 흐르는 눈물과 한없는 기쁨 / 138

포덕(布德) / 142

수심정기 진기심(守心正氣 眞氣心) / 146

어머님께서 주신 눈물 / 150

도깨비 불 / 154

마음이 바뀌니 세상이 바뀐다 / 158

6. 신앙과 생활

러닝하이(Running High) / 164

아이를 잘 기르는 것이 도(道)다 / 168

수돗물 잠그기 / 172

주문과 함께 하는 생활 / 176

천도교에 미친 남자 / 182

靈蹟實記

7. 수도의 기적

심고(心告)의 영험(1) / 186

심고의 영험(2) / 190

성인의 덕화(德化) / 192

수도자의 선견지명 / 196

수련 체험기 / 200

수명 연장의 체험 / 214

나의 수도 체험 / 220

한울님의 능력 / 224

한울님의 조화 / 230

도래삼칠자 항진세간마(圖來三七字 降盡世間魔) / 234

우리를 지켜준 한울님 / 238

※ 부 록 :「천도교의 발생과 연혁」

| 수 도 법 |

천도교(동학) 수도법

천도교(동학)에 관심이 있는 분들께 수도의 단계와 수도법의 핵심을 알게 하고자 동경대전과 법설에 나와 있는 내용을 발췌하여 소개합니다.

● 수련에 임할 때 암송하는 참회문(懺悔文)

姓名某 生居某國 忝處人倫 叩感天地盖載之恩 荷蒙日月照臨之德 未曉歸眞之路 久沉苦海 心多忘失 今玆聖世 道覺先生 懺悔從前之過 願隨一切之善 永侍不忘 道有心學 幾至修煉 今以吉辰 淨潔道場 至誠至願 奉請感應(수운 최제우 대선생 동경대전 67쪽)

성명 「아무」는 「아무」나라에 태어나 살면서 욕되이 인륜에 처하여 천지의 덮고 실어주는 은혜를 느끼며 일월이 비추어 주는 덕을 입었으나, 아직 참에 돌아가는 길을 깨닫지 못하고 오랫동안 고해에 잠기어 마음에 잊고 잃음이 많더니, 이제 이 성세에 도를 선생께 깨달아 이전의 허물을 참회하고 일체의 선에 따르기를 원하여, 길이 모서 잊지 아니하고 도를 마음공부에 두어 거의 수련하는데 이르렀습니다. 이제 좋은 날에 도장을 깨끗이 하고 지극한 정성과 지극한 소원으로 받들어 청하오니 감응하옵소서.

● 현송(顯誦)과 묵송(默誦) 시 외우는 주문

降靈呪文(강령주문) : 至氣今至 願爲大降(지기금지 원위대강)

本 呪 文(본 주 문) : 侍天主 造化定 永世不忘 萬事知(시천주 조화정 영세불망 만사지)

〈주문의 뜻〉〈 동경대전 논학문 11절 - 13절〉

曰呪文之意何也 曰 至爲天主之字故 以呪言之 今文有古文有

묻기를 「주문의 뜻은 무엇입니까.」 대답하시기를 「지극히 한울님을 위하는 글이므로 주문이라 이르는 것이니, 지금 글에도 있고 옛 글에도 있느니라.」

曰降靈之文 何爲其然也 曰至者 極焉之爲至 氣者虛靈蒼蒼 無事不涉 無事不命 然而如形而難狀 如聞而難見 是亦渾元之一氣也 今至者 於斯入道 知其氣接者也 願爲者 請祝之意也 大降者 氣化之願也

묻기를 「강령의 글은 어찌하여 그렇게 됩니까」 대답하기를

「지」라는 것은 지극한 것이요,

「기」라는 것은 허령이 창창하여 일에 간섭하지 아니함이 없고 일에 명령하지 아니 함이 없으나, 그러나 모양이 있는 것 같으나 형상하기 어렵

11

| 수 도 법 |

고 들리는 듯하나 보기는 어려우니, 이것은 또한 혼원한 한 기운이요,

「금지」라는 것은 도에 들어 처음으로 지기에 접함을 안다는 것이요,

「원위」라는 것은 청하여 비는 뜻이요,

「대강」이라는 것은 기화를 원하는 것이니라.

侍者 內有神靈 外有氣化 一世之人 各知不移者也 主者 稱其尊而與父母同事者也 造化者 無爲而化也 定者 合其德定其心也 永世者 人之平生也 不忘者 存想之意也 萬事者 數之多也 知者 知其道而受其知也 故 明明其德 念念不忘則 至化至氣 至於至聖

「시」라는 것은 안에 신령이 있고 밖에 기화가 있어 온 세상 사람이 각각 알아서 옮기지 않는 것이요,

「주」라는 것은 존칭해서 부모와 더불어 같이 섬긴다는 것이요,

「조화」라는 것은 무위이화요,

「정」이라는 것은 그 덕에 합하고 그 마음을 정한다는 것이요,

「영세」라는 것은 사람의 평생이요,

「불망」이라는 것은 생각을 보존한다는 뜻이요,

「만사」라는 것은 수가 많은 것이요,

「지」라는 것은 그 도를 알아서 그 지혜를 받는 것이니라.

그러므로 그 덕을 밝고 밝게 하여 늘 생각하며 잊지 아니하면 지극히 지기에 화하여 지극한 성인에 이르느니라.

● 도 닦는 절차

〈前八節 (전팔절)〉〈수운 최제우 대선생 동경대전〉

1. 不知明之所在 遠不求而修我　　밝음이 있는 바를 알지 못하거든 멀리 구하지 말고 나를 닦으라.

2. 不知德之所在 料吾身之化生　　덕이 있는 바를 알지 못하거든 내 몸의 화해난 것을 헤아리라.

3. 不知命之所在 顧吾心之明明　　명이 있는 바를 알지 못하거든 내 마음의 밝고 밝음을 돌아보라.

4. 不知道之所在 度吾信之一如　　도가 있는 바를 알지 못하거든 내 믿음이 한결같은가 헤아리라.

5. 不知誠之所致 數吾心之不失　　정성이 이루어지는 바를 알지 못하거든 내 마음을 잃지 않았나 헤아리라.

6. 不知敬之所爲 暫不弛於慕仰　　공경이 되는 바를 알지 못하거든 잠깐이라도 모앙함을 늦추지 말라.

| 수 도 법 |

7. 不知畏之所爲 念至公之無私　두려움이 되는 바를 알지 못하거든 지극히 공변되게 하여 사사로움이 없는가 생각하라.

8. 不知心之得失 察用處之公私　마음의 얻고 잃음을 알지 못하거든 마음 쓰는 곳의 공과 사를 살피라.

〈後八節 (후팔절)〉〈수운 최제우 대선생 동경대전〉

1. 不知明之所在 送余心於其地　밝음이 있는 바를 알지 못하거든 내 마음을 그 땅에 보내라.

2. 不知德之所在 欲言浩而難言　덕이 있는 바를 알지 못하거든 말하고자 하나 넓어서 말하기 어려우니라.

3. 不知命之所在 理杳然於授受　명이 있는 바를 알지 못하거든 이치가 주고받는 데 묘연하니라.

4. 不知道之所在 我爲我而非他　도가 있는 바를 알지 못하거든 내가 나를 위하는 것이요 다른 것이 아니니라.

5. 不知誠之所致 是自知而自怠 정성이 이루어지는 바를 알지 못하거든 이에 스스로 자기 게으름을 알라.

6. 不知敬之所爲 恐吾心之悟昧 공경이 되는 바를 알지 못하거든 내 마음의 거슬리고 어두움을 두려워하라.

7. 不知畏之所爲 無罪地而如罪 두려움이 되는 바를 알지 못하거든 죄 없는 곳에서 죄 있는 것같이 하라.

8. 不知心之得失 在今思而昨非 마음의 얻고 잃음을 알지 못하거든 오늘에 있어 어제의 그름을 생각하라.

〈修道法(수도법)〉〈해월 최시형 선생 법설 16장〉

1. 只誦呪而全不窮理則不可 但欲窮理而一不誦呪則亦不可 兩行兼全 暫不弛於慕仰如何

주문만 외우고 이치를 생각지 않아도 옳지 않고, 다만 이치를 연구하고자 하여 한 번도 주문을 외우지 않아도 또한 옳지 아니하니, 두 가지를 겸전하여 잠깐이라도 모앙하는 마음을 늦추지 않는 것이 어떠할꼬.

| 수도법 |

2. 我是天天是我也 我與天都是一體也 然而氣不正而心有移故 違其命 氣有正而心有定故 合其德 道之成不成 都在於氣心之正如何矣

　　내가 바로 한울이요 한울이 바로 나니, 나와 한울은 도시 일체이니라. 그러나 기운이 바르지 못하고 마음이 옮기므로 그 명에 어기고, 기운이 바르고 마음이 정해져 있으므로 그 덕에 합하나니, 도를 이루고 이루지 못하는 것이 전부 기운과 마음이 바르고 바르지 못한 데 있는 것이니라.

3. 明德命道四字 天人成形之根本也 誠敬畏心四字 成物後克復赤子心之路程節次也 詳察八節如何

　　명덕명도 네 글자는 한울과 사람이 형상을 이룬 근본이요, 성경외심 네 글자는 물체(몸)을 이룬 뒤에 다시 갓난아이의 마음을 회복하는 노정 절차니, 자세히 팔절을 살피 는 것이 어떠할꼬.

「遠不求而修我」我也 「멀리 구하지 말고 나를 닦으라」 한 것도 나요,

「送余心於其地」我也 「내 마음을 그 땅에 보내라」 한 것도 나요,

「料吾身之化生」我也 「내 몸의 화해난 것을 헤아리라」 한 것도 나요,

「欲言浩而難言」我也 「말하고자 하나 넓어서 말하기 어려우니라」 한 것도 나요,

「顧吾心之明明」我也 「내 마음의 밝고 밝음을 돌아보라」 한 것도 나요,

「理杳然於授受」我也「이치가 주고받는 데 묘연하니라」한 것도 나요,
「度吾信之一如」我也「나의 믿음이 한결같은가 헤아리라」한 것도 나요,
「我爲我而非他」我也「내가 나를 위하는 것이요 다른 것이 아니라」한 것도 나니,

我外豈有他天乎 故曰「人是天人」也 나 밖에 어찌 다른 한울이 있겠는가 그러므로 말씀하시기를「사람이 바로 한울사람이라」하신 것이니라.

4. 然則 我與天都是一氣一體也 除去物慾透得道理則 至大至天至化至氣至於至聖 摠是我也

그러면 나와 한울이 도시 한 기운 한 몸이라, 물욕을 제거하고 도리를 환하게 깨달으면 지극히 큰 지극한 한울이 지기와 지극히 화하여 지극한 성인에 이르는 것이 도무지 나이니라.

5. 誠敬畏心對人接物萬事天也 至化至氣至於至聖之節次路程也

성경외심과 대인접물은 모든 일의 한울이니, 지기와 지극히 화하여 지극한 성인에 이르는 절차 노정이니라.

| 수 도 법 |

6. 此則斷無他論 是亦我言耄 惟聖之訓也 惟我僉君子 明辨力行踐履眞天共成大道之大願

이러하면 결코 다른 말이 없고, 이 또한 내 말이 노망같으나 오직 성인의 가르치신 것이니, 여러분은 밝게 분별하고 힘써 행하여 참된 한울의 이치를 실천하여 다 같이 대도 이루기를 크게 원하노라.

〈十三觀法(십삼관법)〉〈의암 손병희 선생 법설 4장〉

1. 念呪觀 感化觀　주문을 생각하여 보는 것과 감화함을 보는 것
2. 我無觀 天有觀　나를 없다고 보고 한울을 있다고 보는 것
3. 我有觀 天無觀　나를 있다고 보고 한울을 없다고 보는 것
4. 性無觀 心有觀　성품을 없다고 보고 마음을 있다고 보는 것
5. 心無觀 性有觀　마음을 없다고 보고 성품을 있다고 보는 것
6. 性無觀 心無觀　성품도 없다고 보고 마음도 없다고 보는 것
7. 性有觀 心有觀　성품도 있다고 보고 마음도 있다고 보는 것
8. 我先觀 天後觀　나를 먼저 보고 한울을 뒤에 보는 것
9. 我有觀 天有觀　나도 있다고 보고 한울도 있다고 보는 것
10. 我有觀 物有觀　나도 있다고 보고 물건도 있다고 보는 것
11. 自由觀 自用觀　자유를 보고 자용을 보는 것

12. 衆生觀 福祿觀   중생을 보고 복록을 보는 것

13. 世界觀 極樂觀   세계를 보고 극락을 보는 것

● 수칙(守則)

〈4계명〉〈수운 최제우 대선생 용담유사 도덕가 4절〉

1. 번복지심(飜覆之心) 두게 되면 이는 역시 역리자(逆理者)요,

2. 물욕교폐(物慾交蔽) 되게 되면 이는 역시 비루자(鄙陋者)요,

3. 헛말로 유인(誘因)하면 이는 역시 혹세자(惑世者)요,

4. 안으로 불량(不良)하고 겉으로 꾸며내면 이는 역시 기천자(欺天者)라.

〈8대 수칙〉〈수운 최제우 대선생 동경대전 수덕문 9절〉

①一番致祭 永侍之重盟 ②萬惑罷去 守誠之 故也 ③衣冠正齊 君子之行 ④路食手後 賤夫之事 ⑤道家不食 一四足之惡肉 ⑥陽身所害 又寒泉之急坐 ⑦有夫女之防塞 國大典之所禁 ⑧臥高聲之誦呪 我誠道之太慢 然而肆之 是爲之則

①한번 입도식을 지내는 것은 한울님을 길이 모시겠다는 중한 맹세요, ②모든 의심을 깨쳐버리는 것은 정성을 지키는 까닭이니라. ③의관을 바

| 수 도 법 |

로 갖추는 것은 군자의 행실이요, ④길에서 먹으며 뒷짐 지는 것은 천한 사람의 버릇이니라. ⑤도가에서 먹지 아니할 것은 한 가지 네 발 짐승의 나쁜 고기요, ⑥몸에 해로운 것은 또한 찬물에 갑자기 앉는 것이니라. ⑦유부녀를 막는 것은 나라 법으로도 금하는 것이요, ⑧누워서 큰 소리로 주문 외우는 것은 나의 정성된 도에 태만함이니라. 그렇듯이 펴니 이것이 수칙이 되느니라.

〈십무천(十毋天)〉〈해월 최시형 선생 법설 28장〉

1. 무 기천 (毋欺天)하라.
　　한울님을 속이지 말라.

2. 무 만천 (毋慢天)하라.
　　한울님을 거만하게 대하지 말라.

3. 무 상천 (毋傷天)하라.
　　한울님을 상하게 하지 말라.

4. 무 난천 (毋亂天)하라.
　　한울님을 어지럽게 하지 말라.

5. 무 요천 (毋夭天)하라.

　　한울님을 일찍 죽게 하지 말라.

6. 무 오천 (毋汚天)하라.

　　한울님을 더럽히지 말라.

7. 무 뇌천 (毋餒天)하라.

　　한울님을 주리게 하지 말라.

8. 무 괴천 (毋壞天)하라.

　　한울님을 허물어지게 하지 말라.

9. 무 염천 (毋厭天)하라.

　　한울님을 싫어하게 하지 말라.

10. 무 굴천 (毋屈天)하라.

　　한울님을 굴하게 하지 말라.

| 수 도 법 |

〈임사실천십개조(臨事實踐十個條)〉〈해월 최시형 선생 법설 29장〉

1. 明倫理하라. 윤리를 밝히라.
2. 守信義하라. 신의를 지키라.
3. 勤業務하라. 업무에 부지런하라.
4. 臨事至公하라. 일에 임하여 지극히 공정하라.
5. 貧窮相恤하라. 빈궁한 사람을 서로 생각하라.
6. 男女嚴別하라. 남녀를 엄하게 분별하라.
7. 重禮法하라. 예법을 중히 여기라.
8. 正淵源하라. 연원을 바르게 하라.
9. 講眞理하라. 진리를 익히고 연구하라.
10. 禁淆雜하라. 어지럽고 복잡한 것을 금하라.

1부

시심 천국
정성(精誠)
정성은 결코 헛되지 않는다.
소 열 마리
지극한 정성은 하늘도 감동시킨다

● ● ● 정성

01 〉〉〉 시심 천국(詩心天國)

한울님은 반드시 정성 마음 한 조각에 감응하느니라.
-의암 손병희 선생 법설, 제 30장 '강서(降書)' 중에서

오늘, Y시인은 또 눈시울을 붉히고 있었다. 이번에도 그 무엇인지는 모르지만 그는 내게서 또 열심히 시를 읽어가고 있는가 보다.

십수 년 전, 아내가 척추에 종양이 생겨서 하반신이 마비되고 전혀 걷지 못하는 절대 절명의 절망에 빠졌었다. 큰 딸 아이는 부엌으로 가서 밥을 짓기 시작했고 작은 딸은 세탁을 하고 이런 식으로 모든 식구가 아내와 함께 투병생활에 들어갔다. 그런데 다급할 때에 아내를 입원시키려 하니 입원비가 없었.

그날 밤, 왜 그리 폭우가 사납게 쏟아졌는지. 아침에 관악산에 오르는 길은 온통 빗물이 할퀸 상처가 어지럽게 널려 있었

다. 흙이 씻긴 곳에 나무뿌리가 앙상히 나와 노란 뿌리를 드러내 놓고 쓰러져 있었다. 그런데 돌 틈에 아, 영롱한 물방울을 머금은 채 작은 풀꽃이 피어 있었다. 간밤의 폭우에도 곱게 잘 견딘 그 모습에 나는 넋을 잃고 말았다.

그때 간밤에 저희 엄마 곁에서 올망졸망 모여 있던 딸들의 모습이 풀꽃에 어리었다.

아내는 내일 입원을 한다.
시(詩)는 돈이 될 수 없다.
입원비를 마련치 못하는데
아내에게 시(詩)를 갖다 주면
꽃이 될까
아니 될까
딸들이 엄마 곁에서
풀꽃으로 흐느끼는 온밤.

「풀꽃」이라는 이 짧은 시는 당시의 상황을 메모한 것인데 그대로 발표했다. Y시인은 이 시를 보았을 때에도 오늘처럼 눈시울을 붉혔던 것 같다.

나는 그때부터 나 혼자가 아니라는 것을 어렴풋이 느꼈고, 비로소 시인이라는 것을 실감하기 시작했다. 그리고 Y시인뿐만이 아니라 시심을 가꾸는 아름다운 마음들을 많이 만났다. 아니

새삼스럽게 발견했다는 것이 옳다.

　일터에서 돌아와 아내의 병상을 지키는 밤이면, 아내의 시트 밑에 놓고 간 '기원을 드리는 마음'들이 흰 봉투 속에 소담하게 함께 담겨 있었다. 이렇듯 시심을 보고 있을 때에, 가난하게 살아온 시인으로서 찾은 기쁨과 함께 고난을 극복할 수 있는 힘을 얻었다.

　내 마음이 절망의 나락에서 일어서자, 환자의 마음도 함께 일어섰다. 결국, 그런 염원과 정성들이 모여져서 설명할 수 없는 기적적인 일들이 일어나며 아내는 소생을 하기 시작했고, 긴 병원생활을 마쳤다. 나는 휠체어를 밀고 나오면서 기쁜 마음에 저 푸른 하늘을 보며 외쳤다. 시인 만세!

| 동학시인 오 진 현

| 우리아이 수도원에서 절을 배운다 |

절은
온몸으로 하는 수행입니다.

● ● ● 정성

02》》 정성(精誠)

순일한 것을 정성이라 이르고 쉬지 않는 것을 정성이라 이르나니, 그 순일하고 쉬지 않는 정성으로 천지와 더불어 법도를 같이하고 운을 같이하면 가히 대성(大聖) 대인(大人)이라 이를 수 있느니라
- 해월 최시형 선생 법설 '誠敬信' 중에서

호산 오문술 선생의 제자로 있던 백운당(白雲堂) 김성녀(金聖女) 여사가 호산 선생을 부안군 백산면 송월리 자택에서 모시고 수도 생활을 하던 때의 일화다. 따뜻한 어느 봄날 문도(門徒)인 덕승당(德承堂) 한귀복은 백운당(白雲堂) 여사를 찾아가

"백운당 어머니! 어머니를 위해 생선 몇 마리를 장에서 사왔습니다." 라고 하자, 백운당 여사는

"덕승당! 자네나 갖다 먹게!" 그러시는 게 아닌가! 얼굴이 홍당무가 된 덕승당이

"백운당 어머니 왜 그러십니까? 장에 가서 백운당 어머님을 위해서 정성을 다해 사온 생선인데요"

그러자 대뜸 하시는 말씀이

"덕승당! 자네 장에 가서 이 생선을 사면서 조금은 돈이 아깝다는 생각을 했지?"

덕승당이 얼굴이 빨개지면서

"네, 값이 조금은 비싸기에 아깝다는 생각을 했습니다."라고 말하자, 백운당 여사는 웃으면서

"그래, 생선을 사기에 돈이 아깝다는 생각을 한 것은 마음자리에서는 정성이 아니라네."

백운당(白雲堂) 여사는 천지 기운과 하나가 된 경지여서 이미 수운선생의 '오심즉여심(吾心則汝心)'의 심법을 각득하셔서 집안에 있으면서 덕승당(德承堂)이 장에 가서 한 행동과 마음 씀을 다 읽고 있었던 것이다.

이어서 백운당(白雲堂) 여사는 덧붙여 해월 선생의 말씀을 인용하여 말씀였었다. "정성이란 첫째, 순일(純一)한 마음, 즉 오로지 한 가지의 깨끗한 마음이어야 하며, 둘째, 불식(不息), 즉 쉬지 않아야 한다네. 자네 어머니 생신을 준비하거나 선영의 제사를 모시는 것도 마찬가지일세. 또 이웃이나 친척에게 선물할 때도 마찬가지지."

덕승당은 고개를 들지 못하고 그 날 이후로 남편의 생신이나 선영의 제사 등에 순일한 마음으로 지극 정성을 다했다.

| 운암 오 제 운

● ● ● 정성

03》》 정성은 결코 헛되지 않는다

독실하게 공부해서 이루지 못할 것이 없느니라.
- 해월 최시형 선생 법설, 제 11장 '독공(篤工)' 중에서

옛날 제가 19살 때 아버님께서 해 주신 이야기입니다. 이 이야기를 들을 때 한울님을 믿는 분들은 십분 이해를 할 것이나 한울님을 믿지 않는 분들은 전혀 이해를 하지 못할 것입니다.

해방이 되기 전 왜정 때의 이야기입니다. 제가 20살 때의 1944년에 있었던 일입니다. 그 당시는 일제 말이라 보국대니 공출이니 해서 살기가 무척 힘이 들었습니다. 당시 저희 아버님은 순사들한테 매도 많이 맞고 고초도 많이 겪으셨는지라 일본이라면 원수로 알고 이를 갈았는데, 그래서 저를 학교에도 보내질 않았습니다. 학교에 가면 일본놈들을 만나고 일본말을 배워야 한다는 생각에서였습니다. 그 때문에 저는 학교를 다니질 못

하였습니다.

당시 아버님이 교제하시던 친구분들이 계셨는데, 저희 아버님은 동학을 하지 않으셨지만 친구분들은 동학을 하던 분들이었습니다. 하루는 고우상이라는 분의 집에 놀러가셨다 돌아오셔서는 7남매를 모두 불러 앉혀 놓으시고 그 곳에서 들었던 이야기를 말씀하시었습니다. 고우상 선생은 혼자서 수도하시다가 사주관상, 명당 잡는 일에 눈이 트이신 분으로 당시 인근에 유명한 분이었는데, 수도를 제대로 하신 분은 아니고, 수도 중간에 약간 옆길로 흘러서 그 재주로 남의 명당 잡아주는 일 등으로 돈을 벌어서 좋은 집을 장만하고 논도 사고 살림도 잘 꾸며놓고 사는 분이었습니다. 그래도 아버님이 마음과 뜻이 맞는 면이 있어서 자주 만나시곤 하셨는데, 그 날도 그 선생님 댁에 가셨다가 술, 고기, 떡 등을 잘 얻어먹고 오셨던 것이었습니다.

그 당시는 해방이 되기 직전이라 징용으로 일본에 있는 탄광에 젊은 사람들이 많이 끌려갔었는데 저도 숨어 다니는 형 대신에 몇 번 잡혀갔다가 20살이 안되었다고 해서 풀려나곤 했습니다.

그때 전북 고창에 아주머니 한 분이 계셨는데, 청상과부로 혼자 키우고 있던 외동아들이 일본 탄광에 끌려갔는데, 처음에는 편지가 자주 왔으나 어느 날 갑자기 연락이 뚝 끊어지니까 혼자서 걱정을 하다가 나중에 답답한 마음에 이 고우상 선생을 찾아와서 "일본에 끌려간 아들이 죽었는지 살았는지 잘 몰라 선생님을 찾아왔으니 잘 좀 봐 주십시요"라고 사정을 했답니다.

고우상 선생은 수련으로 영기가 조금 트인 것으로 무슨 일이든 찍어서 용케 맞추기도 하고 때로는 맞추지 못하기도 하는 그런 정도였습니다. 그래서 "나는 점쟁이도 아니고 배운 것도 없지만 하도 사정을 하니까 하는 말인데, 앞으로 지극 정성을 한번 들여 보소. 내일부터 흰옷 한 벌 깨끗이 해서 빨아 입고 3·7일 동안 정성을 드리는데, 매일 새벽 4시에 일어나서 목욕재계하고 볏짚으로 열십자를 만든 뒤 정화수(井華水) 한 그릇을 떠서 중앙에 올려놓고 일본이 있는 동쪽을 향해 큰절을 하면서 크게 아들 이름을 한 번 부르고, 또 절하고 아들 이름 한번 부르고 이렇게 하루에 21번을 절 하시오"라고 말했습니다.

이 아주머니는 아들을 보고 싶은 마음에 이튿날 새벽부터 옷을 깨끗이 입고 일본 쪽을 향해 21번씩 큰절을 하면서 "개똥아!, 개똥아!" 하고 크게 부르는데, 이웃 동네 사람들 모두가 "아무개 어머니가 맨날 아들 보고 싶다고 하더니만 그만 실성을 했구나" 하고 다들 안타깝게 여겼습니다.

그런데 이렇게 어머니가 정성을 드리고 있을 동안, 당시 아들은 일본탄광에서 일을 하였는데 3개소대로 편성된 중대에서 제1소대에 배속되어 아침이면 밥을 먹고 탄을 캐러 굴속으로 들어가서 일을 했습니다. 1소대부터 5분 간격으로 차례대로 들어가는데, 하루는 뒤에서 어머니가 "개똥아!, 개똥아!" 하고 큰 소리로 자기 이름을 부르는 것입니다. 분명히 어머니 목소리였는데 돌아보니 아무도 없는 것입니다. 이상하다 하면서 둘러보는 사이에 1소대는 안으로 들어가 버렸고 그래서 2소대와 함께 들어가려는데, 또 어머니가 큰 목소리로 "개똥아!" 하고 자기 이름을 부르는 것입니다.

 그래서 대열에서 빠져나와 다시 찾는데 어머니가 보이지 않자 3소대와 함께 굴로 들어가려는데 이번에는 정말 바로 뒤에서 큰 소리로 "개똥아" 하는 어머니 소리가 들리는 것입니다. '틀림없는 어머니 목소리다' 생각하고 돌아서서 이리 저리 왔다 갔다 하면서 찾고 있는데, 바로 그때 탄광굴이 폭삭하고 주저앉아 버리는 것입니다. 전부 다 들어가고 혼자만 살아남은 것입니다. 난리가 났죠. 나중에 조사를 받는데, 일본 조사관이 "요놈! 너 혼자 도망치려 한 것이지"라면서 캐물으니까 그때서야 자초지종을 이야기했습니다. 도망가려고 한 것이 아니고 어머니가 금방 뒤에서 불러서 돌아보고 또 돌아보고 하는 사이에 그만 굴이 무너져 내렸다고 말이죠.

 일본 사람들이 처음에는 믿지 않다가 계속 같은 이야기를 하니까. 그럼 한국에 사람을 보내서 어머니가 어떻게 하고 있는지 보자 하고 확인을 하게 되었습니다. 아니나 다를까 어머니가 아침마다 절을 하면서 아들을 큰 소리로 부르고 있는 것이 아닙니까? 일본사람들도 그 아들의 이야기가 꼭 맞으니까 "천리가 있고 법도가 있기는 있구나! 지극한 정성은 헛되지 않는 것이구나"라고 감동하여서 그 아들을 고향에 보내주게 되었습니다.

어머니는 어느 날 소식이 끊어져 죽은 줄로만 여겼던 아들이 살아서 돌아오니까 너무 놀랍고 반가워서 어쩔 줄 몰랐습니다. 아들이 탄광에서 죽을 뻔 하다 살아 난 이야기를 하는데, 들어보니 고우상 선생이 시킨 대로 해서 자기 아들이 살아났다는 것을 알게 되었습니다. 어머니는 너무 고마워서 아들에게 자기가 정성드리게 된 연유를 이야기하면서 함께 고우상 선생께 인사를 드리러 온 것입니다. 오면서 당시 끼니도 제대로 못 잇던 어려운 때였건만 인절미 한 되하고, 백숙 한 마리하고, 술도 한 되 갖고 온 겁니다. 마침 그때 저희 아버님이 그 집에 가서서 얻어 먹으시면서 그 이야기를 들으신 것입니다. 아버님은 "정성이 지극하니까 그 아주머니의 마음이 한울님 감화로 천 리 만 리까지 아들에게까지 전달된 것 아니냐"고 말씀해 주셨습니다.

정성은 결코 헛된 것이 아닙니다. 한 만큼 되는 것입니다. 특히 후천은 자기가 한 대로 되는 운수입니다. 우리가 수련하고 조석으로 청수 모시고, 오관(五款) 실행하는 것 모두가 정성입니다. 정성을 잘 드리면 어려움도 없고 막히는 일도 없습니다. 자기가 한 만큼 받는 것입니다. 자기가 한 만큼 자기가 받는 것이 후천 오만년 운수입니다.

| 수암 이 상 만

| 우리아이 수도원에서 절을 배운다 |

청수는
수운선생의 심법을 표상합니다.
— 오심즉여심의 심법 —

●●● 정성

04》》 소열 마리

대저 이 도는 마음으로 믿는 것이 정성이 되느니라. 믿을 신(信) 자를 풀어보면 사람의 말이라는 뜻이니, 사람의 말 가운데는 옳고 그른 것이 있는 것을, 그 중에서 옳은 말은 취하고 그른 말은 버리어 거듭 생각하여 마음을 정하라. 한번 작정한 뒤에는 다른 말을 믿지 않는 것이 믿음이니 이와 같이 닦아야 마침내 그 정성을 이루느니라.
- 수운 최제우 대선생 『동경대전(東經大典)』 '수덕문(修德文)' 중에서

내가 대학에 다니던 무렵, 어머니가 몸져눕게 되고 거룡댁이 살림을 하게 되자, 집안 꼴이 말이 아니었다. 하루는 병마에 시달리는 어머니가 안타까워 이평(전북 정읍군의 한 면)에 사시는 이모부와 삼촌에게 가 말씀드렸다.

"어머니가 요즘 들어 부쩍 몸이 안 좋으십니다. 걱정되어 이렇게 왔어요."

이모부가 대뜸

"우리 송월리(전북 부안군 백산면의 한 부락)에 가 호산 선생을 뵙도록 하자. 그분이라면 네 엄마 병을 고치실 수 있을 거야."

그 말씀에 나는 과학을 배운 학도로써 반신반의(半信半疑)했다. 또 큰아버지인 호산 선생에 대해 잘 모르고 있었던 때이고, 집안에서도 호산 선생을 소도둑으로 매도(罵倒)하던 터라 나 역시 그 분에 대해 별로 좋은 감정을 가지고 있지 않았다.

하지만, 어머니가 몹시 위중하고 이모부와 삼촌이 강권하기에 마다할 수 없어 호산 선생이 머무르고 있는 송월리 이영기 어른과 그의 부인 백운당(白雲堂) 김성녀(金聖女) 사모님이 사는 집에 아버지와 더불어 넷이 함께 찾아갔다.

말로만 듣던 호산 선생을 처음 뵈었다. 일순간 공자의 제자 자로의 일화가 떠올랐다. 천하의 불량배인 자로가 부하들이 하나 둘 공자에게 감화되어 공자의 말씀을 들으러 가자, 하루는 자로가 공자를 혼내주려 몽둥이를 들고 공자를 찾아간다. 문을 열고 들어가며 "공자가 누구야?" 소리치며 공자를 바라보는 순간, 몽둥이가 손에서 스르르 놓이고 그도 모르게 큰절을 올리게 된다. 공자님의 선풍도골(仙風道骨)의 인자(仁慈)한 모습에 반해버렸기 때문이다. 그 뒤, 자로는 공자의 둘도 없는 제자가 되어 공자가 어려운 지경에 처할 때마다, 공자의 방패막이가 되었고, 수레로 공자를 모시고 천하를 함께 돌아다니며 공자의 인(仁)사상을 설파하였던 것이다.

나도 모르게 "아! 아!" 탄성을 질렀다. 어쩌면 저렇게 온화할 수가! 얼굴에는 밝은 빛으로 눈이 부실 지경이다. 저렇게 인자하시고 신선 같은 분을 소도둑으로 몰다니! 집안사람들은 도대체 제 정신이란 말인가? 이처럼 한참을 생각할 때, 이모부가 나를 소개하고, 어머니가 건강이 좋질 않아 이처럼 왔노라고 말씀드리자, 호산 선생이 호탈하게 허허 웃으시면서 아버지에게

"자네! 부인의 병을 낫게 해 줄 테니 소 열 마리를 사올 수 있겠는가?"라고 하시자, 아버지는 그렇게 많은 돈이 없기에 얼굴이 빨개져 대답을 못하고 안절부절못하자, 그 말을 듣고 있던 이모부가 용기를 내서

"예 제가 소 열 마리를 사오겠습니다."라고 시원하게 대답하니, 호산 선생님이 말씀하셨다.

"그럼, 됐네. 자네들이 그 환자의 병을 낫게 할 수 있는 마음 즉 용기와 정성이 있나 없나를 시험한 걸세."

그 말씀을 듣고 모두가 밝은 표정으로 가볍게 집에 돌아왔다. 허령(虛靈)에 빠져서 몇 년을 고생하시는 어머니는 호산 선생을 단 한 번 찾아뵙고 씻은 듯이 병이 나았다. 그 뒤 어머니는 그 은혜에 보답하고자 한결같은 마음으로 8년 동안 수도장에 필요한 물품을 조달하였다. 신앙의 기적, 영적 신통력은 신앙으로 체험하지 않고서는 다 거짓말이 되고 만다.

| 태암 오 명 직

| 우리아이 수도원에서 절을 배운다 |

부화부순하는
부모가 어린이를 데리고 수도원을 찾습니다.

● ● ● ● 정성

05〉〉〉 지극한 정성은 하늘도 감동시킨다

정성이 있고 믿음이 있으면 돌을 굴리어 산에 올리기도 쉬우려니와 정성이 없고 믿음이 없으면 돌을 굴리어 산에서 내리기도 어려우니
— 해월 최시형 선생 법설, 제 11장 '독공(篤工)' 중에서

해방직후 전북 정읍 정우지역에 살고 있던 한 할머니가 직접 겪은 일이라며 호산 오문술 선생님께 말씀드린 이야기이다.

당시 세상 사람들은 일제에서 해방이 되자 다들 평화가 찾아올 줄 알았지만 나라 안팎이 좌우로 나눠져 하루도 편할 날이 없었다. 상당수 마을에서 그야말로 ' 낮에는 대한민국, 밤에는 인민공화국' 현상이 반복되고 있었는데 특히 전북 정우지역은 일찍부터 일본유학을 다녀온 젊은이들이 많아서 공산주의 사상과 빨치산들의 온상이 되고 있었다. 당시 빨치산들은 지리산에 본거지를 두고 야음을 틈타 100여리 산길을 이동해 와서는 이

른바 '혁명사업' 이라는 이름아래 마을의 소·닭·쌀은 물론이고 젊은 사람들까지 붙잡아가곤 하였다. 혁명동지로 가르치기 위해서였다.

그때 어느 마을에 젊어서는 독실한 불교신자였다가 나중에 천도교인이 된 할머니 한 분이 있었는데, 25세쯤 된 아들 하나를 의지하고 살고 있었다. 그런데 어느 날 밤 빨치산들이 그만 아들을 데려가고 말았다. 그 아들은 어김없이 공산주의 교육을 받아 몇 달이 지나고부터는 빨치산들과 함께 마을을 습격하여 식량을 뺏는 일에 참가하게 되었다. 하루는 아들이 빨치산 부대와 함께 마을을 내려가고 있었다. 혁명 사업을 하러 가는 길이었던 것이다. 그런데, 갑자기 아랫배가 아파오기 시작하는 것이었다. 처음에는 그냥 참아보다가 도저히 견딜 수가 없게 되자, 대장을 붙들고 "대변이라도 나오려는 모양입니다. 도저히 안되겠습니다." 하고 사정을 말하고는 길섶으로 일을 보러 뛰어갔다.

그러나 변이 시원스레 나오질 않고 한참을 애를 먹다가 용을 쓰고 해서 겨우 일을 마치고 일어나니, 그때는 이미 다른 동료들은 산 아래로 내려간 뒤였다. 혼자 남게 된 아들은 일행을 찾으려 이쪽저쪽으로 허겁지겁 다녀보았지만 길도 모르는 컴컴한 산 속에 도저히 길을 찾을 수가 없었다. 그렇게 한참을 헤매고 다니는데 저쪽 아래에서 불빛 하나가 보이는 것이 아닌가! 순간 살았다 싶어 정신없이 내려가는데 금방 다다를 것만 같았던 불빛이 어느 새 저만치 앞서가는 것이었다. 그래서 다시 다가서면 또 저만치 달아나는 것이었다. 이상한 일도 다 있다면서 다른 방법이 없어 계속 따라가는데, 한참을 가다보니 옛날 자기가 살던 마을로 들어가는 것이었다.

한편, 이때 자기 집에서도 이상한 일이 일어나고 있었다. 할머니는 하루아침에 아들을 잃은 슬픔에 아무 일도 못하고 무사귀환만을 빌며 하염없이 세월을 보내고 있었다. 그렇게 세월을 보내 사월 초파일이 되었다. 할머니는 이날도 어김없이 천도교의 예법대로 청수를 떠다놓고 기도를 하고 있는데, 과거 불교에 심취하던 습관으로 자기도 모르게 집에서 쓰던 호롱불에 사각모를 씌워 연등을 만들어 처마 밑에 걸어놓았다. 그런데 조금 지나자 웬 광풍이 휙 하고 불더니 그만 연등을 채 가지고 산 저편으로 가버리는 것이 아닌가.

'이상한 일도 다 있다. 이것이 아들에게 좋은 징조인지 흉한 징조인지 모르겠구나' 라며 온밤을 뒤척이고 있었다. 이렇게 잠을 못 이루고 있는데 새벽녘에 인기척이 있어 귀를 기울여보니 "어머니! 어머니!" 하고 나지막하게 부르는 소리가 들리는 것이었다. 문을 열고 가만히 살펴보니 웬 상거지에 귀신 몰골을 한 젊은이가 집 싸락문 앞에 웅크리고 있는 것이었다. 붙잡혀갔던 자기 아들이었던 것이다. 꿈인지 생시인지 너무나 반가운 나머지 말도 제대로 나오지 않으면서도 남들이 볼까봐 두려워 조용히 아들 손목을 끌고 방으로 들어와서는 얼싸안고 이곳저곳을 어루만져 본다. 얼른 밥상을 차려주고 자초지종을 물으니 연등 불빛 이야기를 하는 것이었다. 너무나 기가 막히고 놀라워 아무런 말도 못하고 그냥 하늘에 감사의 기도를 드릴 뿐이었다.

　이 이야기를 들으신 호산 선생님께서는 "그런 것이다. 일부러 구해서 그렇게 되겠느냐. 신앙을 진실하고 바르게 잘하면 한울님이 감응하여 그런 기적이 생기는 것이다"고 하셨다.
　세상 사람들은 신앙의 체험과 이적을 허황된 것으로 여기거나 특정 종교에서 자기 교조를 신비화·우상화하기 위해 지어낸 것으로 치부하기도 한다. 그러나 지극히 수도하다 보면 누구나 신비한 체험할 수 있게 된다. 기적을 빼 버린 종교는 이미 종교가 아닌 것이다.

| 태암 오 명 직

공경

2부

내게 한울님을 보여 주세요
귀빠진 날
성격(性格)
폭탄주(爆彈酒)
큰절
쌀 한 톨의 가치

● ● ● 공경

06〉〉〉 내게 한울님을 보여주세요

사람이 바로 한울이요 한울이 바로 사람이니, 사람 밖에 한울이 없고 한울 밖에 사람이 없느니라.
— 해월 최시형 선생 법설, 제 4장 '천지인 · 귀신 · 음양(天地人 · 鬼神 · 陰陽)' 중에서

한울님을 무척이나 보고 싶은 구도자가 있었다. 그래서 그는 기독교 교회에 갔다. 목사님에게 한울님을 보여 달라고 졸랐다. 목사님은 열심히 기도를 하시더니 나처럼 기도를 하면 한울님을 볼 수 있다는 것이다. 그러나 아무리 기도를 해도 한울님은 보이지 않고 한울님의 음성만 들리는 듯 했다.

"너는 나를 보고도 못 보았다고 하느냐?"

답답하기만 하였다. 그래서 이번에는 답답한 마음을 쓸어내리며 산간 숲이 우거지고 맑은 물이 흐르는 절을 찾아갔다. 스님에게 문안을 드리니

"무엇을 찾아 헤매는고?"

"부처님을 만나고 싶습니다."

"그래라. 너의 뜻이 참으로 오늘날 사람 같지가 않구나. 나처럼 가부좌를 익히고 부처님을 만나고 싶다는 생각마저도 버려라. 그러면 부처님을 만날 수 있으리라."

그는 매일 고된 수행을 계속했다. 머리는 맑아지고 밝아졌지만 모든 것이 없어져 아무것도 보이지 않았다. 그는 또 실망하기 시작하였다. 절을 나와서 막노동판에서 일하기도 하고 술집에 가서 여자들과 어울려 놀기도 하며 곤드레만드레 취해 보기도 했다. 그러는 사이 허무가 그를 또 다시 괴롭히기 시작했다. 그러던 어느 날 천도교 수도원이 눈에 띄어 찾아갔다. 그 곳은 무척 초라한 집이었는데 해맑은 눈빛을 한 도인이 있었다.

"야! 이제야 찾았구나!"

"선생님! 한울님을 보여주세요."

"그래! 네 인생역정이 가련하니 그러면 하루에 3만 번씩 주문을 외우거라."

그래서 열심히 주문을 외웠다. 그러나 아무것도 보이지 않았다. 제자가 된 구도자는 선생에게 보챘다.

"한울님 좀 보여 주세요"

"내가 틀림없이 보여 주지. 내일 네게 한울님이 찾아오실 것이다. 공손히 잘 모셔야 한다."

구도자는 뜬눈으로 날을 지새웠다. 이윽고 다음 날이 되니 선생은 출타하고 혼자 남아서 한울님을 눈이 빠져라 하고 기다렸다. 비가 내리기 시작했고 좀처럼 인기척도 없었다. 그리고 보슬비는 온종일 내리는데 한울님의 모습은 보이지 않았다.

그 다음날 선생이 돌아오자 따지듯이 화가 나서 물었다.

"무슨 한울님이 온다고 하셨습니까? 아무도 오지 않았는데요, 거지새끼만 와서 밥을 구걸하길래 밥 한 덩이 주었더니 맛있게 먹고 갔습니다."

"네 이놈! 그 거지가 한울님인줄 아직도 모르겠느냐. 나는 네게 거룩하신 한울님을 보여 드렸다."

그 순간 구도자의 몸에는 전율이 일어났습니다. 그리고 머리도 비 갠 후 오후처럼 맑고 밝아졌습니다.

"사람이 한울님인 것을"

커다란 소리가 마음에 울려 퍼졌습니다.

| 지암 최 동 환

| 우리아이 수도원에서 절을 배운다 |

수도원장이
"한울님 오셨네" 반갑게 맞아 절을 합니다.

● ● ● 공경

07 귀빠진 날

사람이 바로 한울이니, 사람 섬기기를 한울같이 하라.
— 해월 최시형 선생 법설, 제 7장 '대인접물(待人接物)' 중에서

출근 시간에 맞추어 오느라고 애를 쓴 것은 사실이었다. 그러나 최 사장은 현관 앞에 서서 기다리고 있었으니 더 몸 둘 바를 몰랐다.

"사장님, 죄송합니다. 차가 막혀서…."

요즘의 교통 체증은 시간과 장소를 불문하고 예고도 없이 일어나고 있으니, 오늘의 지각은 이 때문이었다고 적당히 둘러대고 있었다. 그리고는 출근 채비를 하기 위하여 승용차 쪽으로 다가갔다. 차의 문을 열려는 순간이었다.

"김 기사, 비켜 서웃."

최 사장의 소리가 점잖게 퍼져 나왔다. 김 기사는 몸을 움찔하

며 멈췄다.

'앗! 사장님이 화가 단단히 난 모양이구나. 이를 어쩌지.'

김 기사는 오늘의 불찰이 불명예스런 일로 번지지 않을까 적이 걱정이 되기도 하였다. 다시 사장의 얼굴을 올려 보았다.

"김 기사, 오늘은 뒷자리에 타욧."

'그냥 집에 돌아가라면 될 일을 뒷자리는 무슨….'

김 기사는 시키는 대로 뒷좌석으로 올랐다. 다른 도리가 없었기 때문이었다. 최 사장은 운전석으로 올라타더니 시동을 걸었다.

'이럴 수가. 일개 기사가 사장님이 손수 운전하는 차를 타다니, 이건 아냐. 못 배운 놈들이나 하는 짓이야.' 소리치고 싶었다.

"김 기사."

사장님은 운전을 하고 가다 김 기사를 흘깃 돌아보며 부르는 것이었다.

"예."

대답이 모기 소리처럼 가느다랗게 흘러 나왔다.

"김 기사, 그동안 수고 많았어요. 오늘은 당신 귀빠진 날이 아닌가요. 이런 날 하루나마 내가 당신을 모시고 싶소. 사람은 누구나 하늘이니까."

"……."

"오늘 아침에 가족끼리 모여 생일잔치 하고 오느라고 늦은 줄다 알고 있소. 그러니까 송구스럽게 생각하지 말아요. 그리고 당신은 일 년 내내 나를 모시고 다니지만, 나는 고작 오늘 하루 당신을 모시는 것이니 조금도 미안해하거나 부끄러워하지 말아요." 말끝에 사장님은 무슨 선물이 들었는지 작은 상자도 하나 불쑥 건네주는 것이었다. 얼떨결에 받는 사랑에 감격하면서 사장님이 하늘처럼 커다랗게 느껴지는 것이었다. 김 기사는 그 하늘과 함께라면 하늘 어디라도 날아가고 싶었다.

| 박 일

| 우리아이 수도원에서 절을 배운다 |

행도하는
수도원장님의 덕화에 감화됩니다.

● ● ● 정성

08 》》》 성격(性格)

성품과 마음을 같이 닦는 것은 오직 도를 아는 사람이라야 능히 할 수 있는 것이니라.
— 의암 손병희 선생 『무체법경』 '성심변(性心辨)' 중에서

화창한 어느 봄날 아주 사소한 일로 아내와 크게 다툰 적이 있다. 글공부를 독실히 하진 못했지만, 그래도 최고학부의 학위까지 취득한 내 자신이 이럴 땐 꼭 세 살 먹은 어린아이와 같다. 마음의 양식이 부족해서이기도 하겠지만, 마음과 성품공부가 제대로 되지 않아서이다.

그렇게 크게 다투고 나서 불편한 마음에 나는 나의 성격(性格)과 성품(性品)에 대해서 깊이 생각해 보았다. 아이들을 낳고 기르며 고생하는 착한 아내에게 나는 왜 이처럼 사소한 일에도 화를 내고 참지 못하는 걸까? 또 좀 더 너그럽게 이해하고 부드럽게 대해 줄 수는 없는 걸까? 이와 같은 생각을 화두(話頭)삼

아 반나절을 꼬박 보내고 있었는데, 갑자기 섬광처럼 성품에 대한 이치가 포항제철 용광로로 비유되어 깨달음으로 다가왔다. 정말 기뻤다.

먼저 포항제철의 용광로가 떠오르고, 철을 만드는 과정이 연상되었다. 철 성분이 있는 돌덩어리를 몇 천도의 용광로에 넣고 정제(精製)하게 되면, 순수한 철 성분만 남게 된다. 또 여기에 여러 가지 성분을 배합하고, 온도를 조절하게 되면 다양한 성질을 가진 철이 만들어진다. 이처럼 순수한 철의 성분은 우리가 마음먹은 대로 어떠한 쇠붙이든 만들 수 있지만, 거기에 다양한 성분을 섞고 온도를 조절해서 만든 철은 그 성질에 맞게만 사용할 수 있을 뿐이다. 즉 강철은 무사들의 칼로 쓰이는가 하면, 무쇠는 부엌칼로 쓰이지 않던가? 우리의 성품도 마찬가지라는 생각이 들었다.

우주의 근본이 되는 본체 성(性)은 막힘이 없고 온전한 한울의 마음이기에 거리낌이 없이 사물을 대하고 어느 누구와도 자연스런 인간관계를 가질 수 있지만, 살아가면서 물든 성품은 그 쓰임이 한정되어 대인관계가 원만하지 못하게 된다.

우리가 태어날 때는 본래 아무런 생각도 없는 불생불멸[不生不滅(나지도 없어지지도 아니함)], 무루무증[無漏無增(새는 것도 더함도 없음)]한 '성(性)'을 가지고 태어나지만, 살아가면서 육관(눈, 귀, 코, 설, 몸, 의식)작용으로 인해 본래 '성(性)'에 나만을 위하는 마음, 남을 시기하는 마음, 남을 미워하는 마음, 물건을 탐내는 마음, 이성(異性)을 탐(貪)하는 마음 등이 생기고 이를 반복 사용하다 보면 텅 비어 있는 성(性)의 자리에 그러한 마음들이 각각 A, B, C, D 등의 인자로 자리를 잡아 굳어지게 되며 본래의 성과는 다른 성(性)으로 틀이 만들어져 개성(個性)을 이룬다.

또 이렇게 자리를 잡은 인자가 싫어하는 외부의 말씀을 듣거나 행동을 보게 되면 이들을 싫어하여 튕기게 되며, 이를 가리켜 우리는 성질부린다고 한다. 이러한 성격의 인자들을 없앤다면, 원만한 대인관계를 이룰 수 있지 않겠는가? 그렇다면 이러한 본체 성(性)을 회복하기 위해서는 우리는 어떻게 해야 하는가? 먼저 성품과 마음의 관계를 알아야 한다.

성품과 마음은 둘이면서 또한 하나다. '성(性)'이란 한자를 파자(破字)하여 보게 되면, 마음 심(心)에 날 생(生)으로 '마음이 나오는 곳'이 성(性)이다. 원만한 성품에서 원만한 마음이 나오고, 삐뚤어진 성품에서는 삐뚤어진 마음이 나온다. 그러면 물든 성품을 어떻게 하면 본래 성품으로 만들 수 있을까? 콩 심은 데 콩 나고, 팥 심은 데 팥 나지 않던가? 바르고(正), 밝고(明), 착하고(善), 의로운(義)마음을 반복 사용해서 새로운 성품의 틀로 자리 잡게 하면 나만을 위하는 마음, 남을 시기하는 마음, 마음을 미워하는 마음, 물건을 탐내는 마음, 이성을 탐하는 마음 등이 점차 그 세력을 잃게 되고 정(正), 명(明), 선(善), 의(義)의 성품으로 바뀌지지 않겠는가?

또 이보다 더 바람직한 것은 대우주 대생명의 본체인 시천주(侍天主) 주문을 지극 정성으로 암송하여 육신관념의 사사로운 마음을 없애 한울성품을 만드는 것이며, 여기에 바르고(正), 밝고(明). 착하고(善), 의로운(義) 마음을 심어 실용적으로 사는 것이리라.

| 운암 오 제 운

● ● ● 공경

09〉〉〉 폭탄주(爆彈酒)

나의 도가 바르면 저 사람이 반드시 스스로 바르게 되리니, 어느 겨를에 그 곡직(曲直)을 가리고 장단을 비교하겠는가.
— 해월 최시형 선생 법설, 제 7장 '대인접물(待人接物)' 중에서

서른이 다 된 느지막한 나이에 공직 생활을 시작했던 나에게 가장 어려웠던 것은 일도 사람관계도 아닌 거의 매일 계속되는 술자리였다. 체질상 술이 맞지 않았던 데다 마음의 양식이 부족한 상태에서 매일 매일 경외지심(敬畏之心)을 추슬러 가는 신앙인이었던지라 술자리는 그야말로 고역이었다. 하지만 신입 직원으로서 하늘같은 상관과 선배들을 모신 자리에서 거절할 수도 없어 권하는 술잔을 마지못해 받아 마시며 지낼 도리밖에 없었다. 그중에서도 나를 가장 힘들게 한 것은 훤한 대낮에 마시는 점심 반주와 저녁 회식 때마다 단골 메뉴로 나오는 폭탄주였다.

사실 가난한 대한민국 공무원들이 마음껏 마실 수 있는 술이 래야 소주밖에 없었고, 특히, 한 달이 멀다 하고 돌아오는 회식 때는 음주효과를 빨리 내기 위해 중저가 양주를 곁들인 폭탄주를 좌로 우로 돌려 마시는 것이 유행이 되고 있었다. 더군다나 내가 속했던 팀의 장(長)은 나보다 20년 정도 먼저 들어오신 분이었는데, 술을 너무나 사랑한 나머지 점심때도 불콰하게 다니시는 것은 물론이고, 일주일에 적어도 두 세 번은 후배들을 거의 강권하다시피 데리고 가 저녁식사 겸 술자리를 갖는데, 직속 부하였던 나는 한 번도 빠질 수가 없어 그야말로 죽을 맛이었다. 이 분이 본래 술도 많이 마시는 데다 으레 호주가들이 그러하듯 술자리를 잘 끝내지 않는 타입이었다.

"딱 한잔만 더~"로 끊어질 듯 말듯 이어지는 술자리는 새벽 2, 3시는 다반사고 언젠가는 이튿날 아침 7시까지 진행되어 술집에서 현장 출근한 적도 있었다. 이렇게 계속되는 어려움 속에서도 나는 '그래도 인내천을 종지로 삼는 천도교인으로서 마음 상하지 말고 참고 넘겨야지' 하며 겨우 이겨내고 있었다. 그러나 이러길 하루 이틀도 아니고 근 1년이 다 되어 가자, "내가 어쩌다가 이런 직장에서, 더구나 이런 상관을 만나 이 고생을 하나" 하는 원망스런 마음이 조금씩 들기 시작했다.

그러던 어느 날이었다. 팀장님이 그날도 여느 때처럼 팀에 선배 한 명과 나를 부르더니 "오늘 약속 없으면 저녁이나 하지. 내 친구도 한 명 나오기로 했는데" 하시는 것이었다. 나와 선배는 서로 우려의 눈빛을 나누며 속으로 "아! 오늘도 힘든 시간이 되겠구나!" 하며 한숨을 쉬었다. 이렇게 시작된 그날의 술자리는 예상했던 대로 분위기가 심상치 않았다. 횟집에서 저녁식사를 하면서 소주를 각각 1병 정도 마신데 이어 팀장 친구 분의 주동으로 2차가 이어졌다.

그런데 이 친구 분이 경제적으로 여유가 있었던지 주점에 도착하자마자 오늘은 폭탄주를 종류대로 연구해보자며 우리 앞에서 폭탄주를 제조(?)하기 시작하는데, 우선 맥주잔 4개를 연이어 놓고 사이사이에 양주잔을 올려놓은 후, 이마로 탁자를 '쾅!' 받아 양주잔을 빠뜨려 만드는 충성주(酒)! 맥주잔에 양주 한 잔을 붓고 휴지로 윗부분을 막은 후 한 손으로 잡아 휙 돌리면 맥주잔에 술이 회오리처럼 소용돌이가 생긴다고 해서 회오리주, 그 외 드라큘라주, 칙칙폭폭주 등 끝이 없을 듯싶었다.

사실 그 친구라는 분이 벼락 부잣집에서 호사롭게 자란 사람으로 주색잡기에 절은 듯한 모습이 첫눈에도 호감이 가질 않았던 터라 나의 심사는 갈수록 뒤틀려져갔다. 급기야 나는 캔 맥주에 구멍을 내어 일정량을 비우고 양주를 채워 넣어 마신 후 마치 수류탄처럼 던지는 '수류탄주'를 마실 차례가 돌아오자 그만 냉정을 잃고 말았다. 평소 팀장님에 대한 불만에 더해 나도 모르게 순간적으로 화가 치밀어 올랐던 것이었다. 그러자 그 친구 분이 "왜 인상을 쓰느냐. 뭐 마음에 언짢은 게 있느냐"고 하면서 그만 서로 언성이 높아지고 말았다. 그렇게 험악한 분위기 속에 그날 술자리가 끝이 났다.

아! 그런데 돌아오는 길에 나는 무언가 잘못되었다는 걸 알았다. 내 마음은 이미 상하기 시작했고, 기운이 흐트러지는 걸 느꼈다. '내가 참고 넘겼어야 했구나. 이유야 어쨌든 내가 대인접물(待人接物)을 지키지 못하고 말았구나!' 그날 잠자리는 평소에 비해 마신 술은 적었지만 몸도 마음도 편치 않았다. 이튿날 새벽 기도식을 모시면서 다시 마음과 기운을 추스린 후 나는 출근하거든 팀장님께 사과를 드리기로 하였다. 출근하자마자 공손히 사과를 드리자 팀장님은 "됐어" 하고는 퉁명스럽게 받아들였다.

그날 이후 나의 술자리는 그야말로 본격적으로 시작되었다. 점심 저녁 구분 없이 하루가 멀다 하고 열리는 술자리에 나는 거의 정신을 차릴 수가 없을 지경이었다. 그러나 나는 한 번도 역정을 내거나 감정을 거스르질 않았다. 오로지 팀장님의 마음에 맞춰 드리면서 다만 틈이 있을 때마다 "몸에 해로우니 과음은 하지 마십시오."라고만 하였다. 그러면서 나는 아무리 늦게 들어와도 청수를 모시고 저녁 기도식을 봉행하고, 희미해져 가는 정신을 가다듬으며 일기를 쓰며 하루 일과를 되돌아보는 것으로 마무리했다. 사실 신앙인에게 술이란 독(毒)과 같아서 애써 닦은 공부를 무너뜨리고 겨우 가꾼 마음과 기운을 해치는 것으로, 특히 수련 기간 중에는 절대 금하는 것이다. 그런 나를 주변 선후배들은 때론 신기하게 때론 안쓰럽게 쳐다보았다.

그렇게 나의 단련 아닌 단련은 시작되었다. 그런데, 1년 정도 지날 무렵 생각지 않은 일이 생기기 시작했다. 그렇게 술 좋아 하던 팀장님이 점차 술을 줄이시는 게 아닌가! 점차 낮술을 절제하시더니 6개월이 더 지나고서 부터는 밤에도 12-1시경에는 귀가하시고 주량도 눈에 띄게 줄어들었다. 나는 별일도 다 있다며 속으로 "내가 그간 정성을 들인 보람이 있구나. 천사(天師)님의 감응인지 '궁즉통(窮卽通)'이라고 고비에서 살 길이 생기는 구나" 하였다.

그러던 어느 날 팀장님이 나를 가만히 부르더니 이렇게 말씀하시는 것이었다. "내가 이십년 가까이 직장생활하면서 힘겹게 일하며 술로 사람을 사귀었는데, 나를 정말 진심으로 대해 준 사람은 네가 처음이다. 그동안 많이 힘들었지. 고맙다. 그리고 미안하다."하시는 게 아닌가. 나는 순간 마음에 무언가 뭉클함을 느꼈다. 내 마음을 이해해준 팀장님 때문이기도 했지만, 그것은 다름아닌 내가 스승님의 가르침을 직접 온몸으로 증험해 냈다는 감격때문이었다. "아 이것이구나! 이렇게 하는 것이구나!" 그리고, 지금은 비록 환원(還元)하신 분이지만 당시 어렵게 직장 생활하던 나를 오로지 천도(天道)의 가르침대로 이끌어주시며 용기를 북돋아주신 선생님께 감사의 마음이 솟구쳐 올라왔다.

이날부터 팀장님은 술이 눈에 띄게 줄더니, 급기야는 완전히 끊는 데까지 이르렀다. 직장에서는 "별 일도 다 있다.그렇게 술

좋아하던 양반이 드디어 술을 끊는구나"하며 신기해하였다. 물론 나도 술을 끊을 수(?) 있었고, 보다 편안하게 직장생활과 신앙생활을 병행할 수 있었다. 그리고 나와 팀장님의 관계가 더욱 돈독해진 것은 물론이다. 더구나 팀장님은 몇 년 후 과장으로 승진을 하셨다. 탄탄대로란 이를 두고 하는 말이 아닌가 싶었다.

나는 매번 명절이 되면 팀장님, 아니 과장님 댁에 꼭 인사를 드리러 간다. 그럴 때마다 사모님은 반갑게 맞아 주시면서 기쁘게 말씀하신다. "아 어떻게 된 일인지. 저 양반이 술을 끊었지 뭐에요. 그날 이후 나는 너무 행복하답니다." 그럴 때 나는 아무런 말도 않고 과장님을 쳐다보며 빙그레 웃기만 한다.

| 원암 김 창 석

● ● ● 공경

10》》 큰절

> 부화부순(夫和婦順)은 우리 도의 제일 종지(宗旨)니라.
> ― 해월 최시형 선생 법설, 제 17장 부화부순(夫和婦順) 중에서

요 사이 아내의 바가지 긁는 소리가 점점 커지고 있다. 나를 쳐다보는 눈도 그 전의 정다웠던 것과는 달리 원망스러워 하는 눈빛이다. 마주 대할 때마다 항상 미소 짓던 것도 사라지고 수심에 젖어 있는 빛으로 변해 가고 있다. 아픈 데가 있는 것도 아니다. 그것도 평소에는 그렇지가 않다. 동창들과 만나거나 동창회에 다녀오면 불평불만을 털어놓는 것이다. 이유인 즉 나의 월급이 시원치가 않아서 동창을 대하기가 창피하다는 것이다.

그러고 보니 가난에서 얻어지는 마음의 병을 앓고 있는 것이다. 이전에는 이러한 일이 없었다. 신혼살림을 셋방에서 시작했고 둘이 같이 인생의 항로라고 하는 사다리를 한 계단 한 계단

조심스럽게 오르면서 살림도 장만하고 작으나마 내집도 마련했다. 그런대로 행복스럽고 보람스런 생활이었다. 그 후 아내는 내가 출근하고 아이들이 등교하면 시간이 남아돌았다. 뜨개질, 꽃꽂이, 독서 등으로 시간을 메우다가 동창들을 만나게 되었다. 나는 앞으로 저축하여 집도 늘리고 아내와 외식도 하고 여행도 할 설계를 머리속에 그리며 오직 열심히 뛰고 있었다. 그러나 아내의 말은 동창 아무 개는 60평 짜리 맨션에 이사했다든가, 누구는 밍크코트를 3백만 원에 사 입었다든가 아무 개은 7백만 원 짜리 다이아반지를 끼고 왔다든가 하더니 한 술 더 떠서 원피스를 명동에서 5십만 원에 맞추었다든가 말하면서 동창들은 다 잘 사는데 우리는 거지같이 살고 있어서 속이 상한다는 것이다.

나는 '오르지 못할 나무는 쳐다보지도 말라'는 속담을 좌우명으로 삼고 있으면서도 아내를 만족시켜주지 못하는 무능을 자탄도 하며 미안한 마음으로 아내를 위로도 해 봤다. 그러나 아내의 눈에는 동창들의 남편이 재간 있고 능력 있는 훌륭한 인격자로 보인다는 것이다. 반대로 나를 대하면 실력도 없고 주변머리 없는 무기력한 남자로 보인다는 것이다. 이렇게 되니 아내는 남편이 미워지기도 하고, 고분고분은 고사하고 남편에게 대들고 싸움도 하게 되니 가정불화가 겹치어 가정생활에 흥미가 없어지고 집안에는 차차 찬 바람이 돌기 시작했다. 나는 이러지도 저러지도 못하고 하루 빨리 아내의 허영심이 사라져서 사람 본래의 마음으로 돌아오기를 한울님께 심고하며 기도할 따름이었다.

그런데 어느 날 아내의 당당하던 그 태도가 수그러졌다. 뿐만 아니라 나의 눈치를 살피는 것이 어딘가 이상해진 것 같았다. 알고 본 즉 아내 동창의 남편이 너무 많은 뇌물을 받아먹다가 들통이 나서 그 집은 초상집으로 변했다는 것이다. 그리고 잘 산다는 동창들도 알고 보니 부모의 도움이 있었다든가 친정에서 보내왔다든가 하여 남의 힘으로 그렇게 된 것이고 오히려 우리보다도 못 사는 동창들이 더 많더라고 하면서 그 동안 허영심을 부려서 미안하다고 하며 용서를 빌었다.

나는 다시 생각했다. 아내가 '나'라고 하는 존재를 제대로 인식하게 된 것이다. 탐욕은 죄악의 근원이라 했다. 절제와 분수를 모르는 욕망은 자멸을 초래하는 길이라고 했다. 대신사께서도 '졸부귀불상(猝富貴不祥―갑자기 부자가 되는 것은 상서롭지 못하다)'이라 하시지 않았던가. 무슨 일이든지 도가 지나치면 탈이 나고 추하게 되며, 평범한 것이 아름다운 것이라고 느끼게 된 것이다. 이것도 한울님께 극진한 기도를 드린 결과의 감응이라고 생각하니, 해월신사님의 말씀이 머리에 떠오른다. '부화부순(夫和婦順)'편에 '여자는 편성이라 혹 성을 내어도 그 남자 된 이가 마음과 정성을 다하여 절을 하라. 한 번 절하고 두 번 절하여 온순한 말로 성내지 않으면 비록 도척의 악이라도 반드시 화할 것이니 이렇게 절하고 이렇게 절하라.'라는 것이다.

  나는 아내에게 큰절을 했다. 아내는 펄쩍 뛰면서 어찌할 바를 몰라 안절부절 못하며 얼굴색까지 변하는 것이었다. 나는 스승님들의 부화부순(夫和婦順)에 대한 설법과 실지로 체행하신 교훈을 설명하고 큰절을 두 번 세 번 거듭하니 아내도 나의 본심을 알게 되어 마주 앉고 큰절을 주고받았다.

  한 가정을 이루는 데는 부부가 주축이 되는 것이며, 사람으로서의 사회의 첫걸음이 부부로부터 시작되는 것이고, 사람으로서 행복의 원천도 부부의 화목에서부터 찾게 되는 것이다. 나는 부부의 완전한 결합이 없이는 인류가 화생할 수 없다는 것과 '사람이 한울이니 사람 섬기기를 한울같이 하라'는 뜻을 새롭게 다시금 마음으로 느끼며 또 다시 큰절을 했다.

| 조각가 문 정 화

● ● ● 공경

11》》 쌀 한 톨의 가치

> 사람은 사람을 공경함으로써 도덕의 최고 경지가 되지 못하고, 나아가 물건을 공경함에
> 까지 이르러야 천지 기화의 덕에 합일될 수 있느니라.
> — 해월 최시형 선생 법설 제 21장 '삼경(三敬)' 중에서

포덕 115년 2월 봄방학을 맞이하여 대구시 교구 학생회에서 경주 용담정으로 1주일 수련을 가기로 했다. 생전 처음 수도원에 가는 우리들은 남다른 의미가 있는 무언가를 해보겠다는 마음이었다.

버스를 몇 번씩 갈아타야 했던 당시 용담정은 2월인데도 얼음이 그대로 남아있었고 4시가 되면 어두워지는 깊은 골짜기였다. 수도원 시설이라고는 낡은 암자 두 채와 그 밑에 쓰러져가는 초라한 화장실 뿐······. 그리고 간혹 멧돼지와 늑대가 나타나기도 한다는 말이 있을 정도로 깊고 깊은 산골이었다.

당시 이우영 종법사님께서 수도원장이셨고, 이인경 선생님

내외분께서 용담정을 관리하고 계셨다. 전기도 없이 초롱불 밑에서 생활하면서 먹을 거라고는 밥 밖에 없는 열악한 환경에서 일주일을 지내야만 했다.

원장님께서 용담정의 유래에 대해 자세히 설명해 주시면서 젊은 후학들이 이렇게 용담정을 찾아와 줘서 고마우며 경전공부와 수련을 열심히 해서 앞으로 천도교의 미래를 짊어져야 한다고 우리들을 격려해 주셨다.

사흘째 되던 날 원장님께서 쌀이 떨어졌으니 수도원 아래 가정리에 가서 쌀 한 말을 사오라고 심부름을 시키셨다. 수련이 힘들었던 우리는 좋아라 가정리로 달려갔다. 그런데, 쌀 한 말이 생각보다 무거워 차례로 지고 오다가 한 친구가 그만 미끄러지면서 쌀자루를 땅에 떨어뜨리고 말았다. 쌀자루를 묶은 곳이 풀리면서 쌀이 몽땅 땅바닥에 쏟아져 내렸다. 하필 얼음과 흙이 뒤범벅이 된 곳에 쏟아져버린 것이다.

날씨도 너무 춥고 해서 맨 밑바닥에 쏟은 쌀은 도저히 담을 수가 없어 적당히 주워 자루에 담아 넣었다. "왜 이렇게 늦게 오느냐"는 원장님 말씀에 한 마디 대꾸도 못하고 조용히 수련 대열에 끼어 앉았다. 다음 날 아침에 산책을 다녀오신 원장님께서 우릴 부르시더니 "누가 쌀을 함부로 버렸느냐!" 면서 우리들에게 야단을 치시는 것이었다. "비록 쌀 한 톨일지라도 농부들은 좀 더 수확하려고 온갖 정성을 다하지 않느냐? 봄이 되면 논 갈고 씨 뿌리고 가을에 수확하여 우리들이 맛있는 밥을 먹게 되는데 왜 그 고마움을 모르느냐? 하찮은 쌀 한 톨이라도 함부로 버린다는 것은 한울님의 사랑을 무시하는 짓이다"라고 말씀하셨다.

하찮아 보이는 쌀 한 톨이라도 함부로 버리지 말고 아끼라는 원장님의 말씀에 비록 어린 나이였지만 우리는 가슴 속에 뭔가 뭉클 와 닿는 느낌을 받았고 순간 스스로를 반성하게 되었다. 그리고 그때의 말씀으로 어렴풋하나마 우리 스스로가 한울님을 모시고 한울님의 감응 속에서 살아가는 시천주의 존엄한 존재임을 깨닫게 되었고 삼경정신과 사인여천하는 마음을 가질 수 있게 되었다. 원장님은 철없던 우리들의 얄팍한 가치 기준과 사고방식을 바로 잡고 어두운 마음 한 곳을 밝혀주셨던 것이다.

| 용 암 주 용 덕

믿음

3부

자신(自信)
천도는 있다
음식은 변하면 버려야 하고,
사람도 변하면 못 쓴다
교대 편입시험

● ● ● 믿음

12》 자신(自信)

> 우리 도인은 자심(自心)을 자성(自誠)하고 자심(自心)을 자경(自敬)하고 자심(自心)을 자신(自信)하고 자심(自心)을 자법(自法)하여 털끝만치라도 어김이 없으면 가는 것도 없고 오는 것도 없으며, 위도 없고 아래도 없으며 구할 것도 바랄 것도 없어 스스로 천황씨가 되는 것이니라.
> ─ 의암 손병희 선생 『무체법경(無體法經)』 '신통고(神通考)' 중에서

어머님은 어려서 외할머니로부터 명이 짧아 걱정이라는 소리를 무척 많이 듣고 자랐다 한다. 그래서 그런지 결혼 후 어머님은 9남매를 낳아 기르면서 크고 작은 병으로 많은 고생을 하셨다.

내가 대학 3학년 여름에는 좌골 신경통이 심해서 걷질 못하게 되시자, 원광대학교 한방병원에 입원하여 한 달 이상 침술 치료를 받았다. 그러나 별 차도가 없었다. 그 뒤 신경통에 좋다는 참나무를 찾아 숯을 만들고 그 숯에 물을 내려서 마시도록 하였으나 역시 별 차도가 없었다.

그래서 또 그 뒤 침술로 유명하다는 광주에 있는 덕화당(德化

堂)을 찾아가 그 집에 묵으면서 계속해서 침술 시술을 받으셨다. 침으로 아픈 부위를 꾹꾹 수시고 난 뒤, 피를 빼는 시술이었다. 전문의사도 아닌 민간인의 단방의술이었던 것이다. 그런데 어머님은 병원에 계실 때보다는 마음의 안정을 찾은 것 같았고, 조금은 호전된 듯 보였다. 그러나 그 때가 광주사태 무렵이라 치료받기가 어려워 집으로 돌아오셨다.

그 뒤, 계속 광주 덕화당 집을 왔다 갔다 하시면서 치료를 받았으나, 별다른 효과는 없었고 그럭저럭 지낼만 하셨다. 그러다 내가 대학을 마치고 대학원에 진학한 뒤, 교직생활을 하는 2년 동안에는 점점 몸이 쇠약해지며, 마음의 안정을 찾질 못하고 정처 없는 마음의 상태가 계속되었다. 그런데 나는 또 군대에 가야하는 상황이 되었고….

논산훈련소에 입소하여 훈련을 받은 뒤, 육본 예하 부대인 사당동 제 9208부대에 배속되자, 큰형님과 아버님이 면회를 오셨다. 오셔서 하시는 말씀이 어머님 건강이 아주 나빠지셔서 치상 준비까지 하였다가 어느 정도 몸이 회복되셨다 한다. 슬픔과 기쁨이 교차되며 눈물이 앞을 가렸다. 군에 있으면서도 어머님 건강이 걱정되어 편하질 않았다. 하지만 옛말에 고로롱 80이라 하지 않았던가? 어머님께서는 내가 제대할 때까지 용케도 잘 견뎌내셨다. 막내아들을 본다는 희망 때문이셨는지.

제대를 한 후에도 어머님은 식사도 제대로 못하시며 거의 문밖출입을 못하시었으며, 좌골신경통은 더욱 심해졌다. 또 아랫

배를 만지면 돌덩이만한 것이 꿀렁꿀렁 돌아다니는 느낌이 있어 백약이 무효인 것 같았고, 어머님 또한 삶에 대한 애착이 점점 없어지는 것 같았다. 자주 퀭한 눈으로 먼 곳을 바라보시곤 하셨으며, 내가 어디 가서 돌아오지 않으면, 동네 입구까지 나오셔서 발을 동동 구르시곤 하셨다.

그러던 어느 날, 어머님께서 산에 치성을 드리는 덕화당(德化堂)을 따라 가시겠다 한다. 집에서는 아버님을 비롯해서 집안 식구 모두가 반대다. 하지만 어머님은 식사 한 번 제대로 하시지 못하고 거동도 불편하신 몸으로 막무가내 가시겠다 한다. 집안 식구는 어쩔 수 없이 광주 월출산 산행에 동의하여 보내드렸다.

가실 때만 해도 수심이 가득하고, 곧 돌아가실 것 같던 분이 돌아오실 때에는 날아가는 것처럼 가볍게 걷고 얼굴 표정도 밝아지셨다. 하도 이상해서 내가 "어머니! 무엇이 어머님을 그렇게 만들었어요?"라고 묻자,

어머님이 말씀하시길 "애야, 나 자신도 놀랬다. 정말 내가 그 높은 월출산을 올라갔는지? 비가 와서 산길은 미끄러운데 어떻게 내가 덕화당을 따라 그 높은 곳에 올라갔는지 말이다. 나보다 건강한 여인네들도 어렵게 올라가거나 포기하던데, 내가 말이지 걸음도 제대로 걷지 못하는 내가 그 높은 구름다리며 사닥다리를 올라 정상에까지 올라갔단 말이지. 내가 생각해도 이건 믿어지질 않아. 정말이야." 하시며 연신 벙글 벙글 웃으신다. 월

출산을 갔다 오신 날 저녁은 그 이야기로 하얗게 밤을 지새우셨다.

기적은 다음날부터 일어났다. 몸이 편찮으셔서 항상 늦게 일어나시고, 세수도 잘 안 하시던 어머님이 이른 새벽부터 세수하고 몸단장을 하시며, 기쁜 얼굴로 아침식사를 맛있게 드시는 것이 아닌가? 세상에 이럴 수가! 다 돌아가시게 보이시던 분이 어쩌면 저렇게 달라지실 수 있을까? 내가 나를 믿는 자신감! 하루가 다르게 달라지시며, 새벽 청수를 모시고 단정히 머리를 빗고 앉아 기도식을 봉행한 후, 논으로 밭으로 활동하시며 기쁘게 사시었다.

마음 작용이 이렇게 큰 변화를 가져올 줄이야? 불가능하게 여겨졌던 산행을 마쳤을 때, 어머님의 마음은 어떠했을까? 아마도 기쁨에 넘쳐 춤을 추고 싶을 정도로 영적 에너지가 최고 상태가 되지 않았을까? 기쁨으로 충만되었기에, 마음은 몸속의 기운을 가장 왕성하게 작용하게 하였을 것이고, 이 작용으로 신경계통은 본래의 상태를 회복하여 질병에서 해방될 수 있지 않았겠는가?

우리가 보통 불가능하게 여겨졌던 일을 해내거나, 정신력으로 육신의 한계를 극복하며 자신의 무한한 가능성과 능력을 발견하며 자신을 굳건하게 믿게 될 때, 우리의 신체 에너지는 최고가 되어 마음은 싱싱한 물고기처럼 생명력을 얻어 기쁨이 충만하게 되고, 스스로 우러나온 기쁨이 삶에 자신감을 가지게 하며, 자신도 모르게 삶에 대한 강한 의욕을 불러일으키지 아니할까? 또, 삶에 대한 의욕이 이처럼 힘차게 약동할 때 우리는 한울의 무한능력을 갖게 되지 않을까?

  모든 것은 내가 나를 믿는 데서부터 출발한다고 본다. 내가 나를 의심하고 믿지 않는다면 한갓 주인 없는 마음이고 몸뚱아리가 아니고 무엇이겠는가?

| 운암 오 제 운

| 우리아이 수도원에서 절을 배운다 |

어린
한울님을 맞아 모두가 환호하고 기뻐합니다.

● ● ● 믿음

13》》 천도는 있다

사나운 범이 앞에 있고 긴 칼이 머리에 임하고 벼락이 내리어도 무섭지 아니하나, 오직 말 없고 소리 없는 한울이 언제나 무섭고 두려운 것이니라. 사람이 다 사람으로 연유하여 생기는 화복은 당장에 보기 쉬우나, 형상도 없고 말도 없는 한울의 화복은 보기 어려운 것이니라.
— 해월 최시형 선생 법설, 제 9장 '수심정기(守心正氣)' 중에서

제가 13살이 되었을 때 외할머니께서는 우리 7남매를 앉혀놓으시고 '천도는 있다' 라는 말씀을 해 주셨는데, 그 때 외할머께서는 익산에 살면서 '보화당' 이라는 한약방을 하셨고, 큰외삼촌은 주변에 명인(名人)으로 널리 알려져 있었습니다.

외갓집은 익산시 마동에 있었는데, 그 마을에는 결혼하여 40이 다 되기까지 자식을 못 낳은 남자가 있었습니다. 아들을 낳기 위해 어쩔 수 없이 작은 부인을 얻게 되었는데, 큰부인이 이를 시샘을 했던지 태기가 있어 옥동자를 낳게 되었답니다.

그래서 작은 부인이 집을 나가려 하자 큰 부인이 만류하여 양 부인과 아들 남편 이렇게 더불어 네 식구가 사이좋게 살았는데,

하루는 작은 부인과 아들만을 남겨놓고 부부가 출타하게 되었답니다. 그런데 작은 부인이 아이에 대한 질투심에 눈이 멀었던지 잠자는 어린아이의 고추 속에 바늘을 몰래 집어넣게 되자 어린아이는 시름시름 앓다가 죽어 버렸습니다. 그런데 아이가 죽은 그 날 비가 몹시 내리면서 천둥 번개가 내리쳤는데, 공교롭게도 벼락이 작은 부인의 하문(음문)과 다리에 내리게 되어 반신불수가 되었답니다.

그제서야 작은 부인은 참회반성의 눈물을 흘리면서 "내가 아들을 죽였다. 아들의 고추 속에 바늘을 집어넣어 죽게 만들었다."고 큰소리로 울면서 "내가 죽일 년이야!, 내가 천벌을 받은 거야."라고 말하여 죽은 이유를 모르던 집안 식구들도 그제야 알게 되었고, 급기야는 매장한 아이의 시체를 땅 속에서 꺼내어 병원에 가서 정밀검사를 해본 결과 큰 바늘이 들어 있어 이를 꺼낸 뒤 다시 매장하게 되었답니다. 그 뒤 이 사실이 관에 알려지자, 관에서는 이 여인을 수레에 태워서 시내를 매일 돌아다니게 하면서 참회반성을 하게 하였는데, 이 여인이 수레에서 말하길 "여러분은 죄를 짓고 살지 말기 바랍니다. 한울님께서는 다 내려다보고 계십니다." 이렇게 아무도 모르는 내용을 자기 스스로 외치다가 3일 만에 죽었답니다.

외할머니는 이 말씀을 전하면서 "남 모르게 지은 죄는 한울님이 간섭하여 반드시 알게 하신다. 해는 음해가 크고 덕은 음덕이 크다. 한울님은 계시며 천도는 있다."는 말씀을 뼈 속 깊이 새기도록 부탁하셨습니다.

　그래서 나는 여러분에게 감히 말씀드릴 수 있습니다. 우리는 보통 아무도 보지 않고 혼자 있을 때 아무렇게나 살며 죄를 많이 지으며 살아갑니다. 하지만, 우리는 깨달아야 합니다. 한울님이 일거수일투족을 다 보고 계신다는 것을 그러기에 완전범죄는 있을 수 없는 것입니다. 다른 사람이 모른다 하더라도 무루무증한 한울님은 다 알고 계시니까요. 그러기에 우리가 무슨 일을 할 때에도 혼자 있다고 생각지 마시고 늘 한울님이 같이 계시다고 생각한다면 우리는 죄를 덜 지을 것입니다. 정말 한울님 조화는 무섭지 않으십니까? 죄인으로 하여금 바로 죽게 하지 않고 더 살게 하여 자기 스스로 자기 죄를 말하게 하고 있지 않습니까? 요즘 정치인들의 비리들이 밝혀지고 있는 것도 어찌 보면 이와 같은 이치라 생각합니다. 한울님이 보았기 때문에 한울님이 밝혀내신 것이지요. 여러분들도 명심하여 천도는 있으며, 한울님이 계심을 확실하게 믿어서 보다 건실하고 바른 생활을 하였으면 합니다.

| 수 암 이 상 만

| 우리아이 수도원에서 절을 배운다 |

절을
하며 '모실 시'를 온몸으로 익힙니다.

● ● ● 믿음

14〉〉〉 음식은 변하면 버려야 하고, 사람도 변하면 못 쓴다

마음을 믿는 것은 곧 한울을 믿는 것이요, 한울을 믿는 것은 곧 마음을 믿는 것이니, 사람이 믿는 마음이 없으면 한 등신이요, 한 밥주머니일 뿐이니라.
— 해월 최시형 선생 법설 제 10장 '성경신(誠敬信)' 중에서

내가 서른 살 무렵, 나는 송월리에 살면서 청산장 이영기씨 댁에 계시는 호산 선생님을 매일 찾아뵙다시피 했다. 온화한 얼굴로 항상 맞절하시는 그 분을 뵙는 것만으로도 하루가 거뜬히 지나곤 했다. 송월리에서는 그 분을 가리켜 일명 '도선생'이라 했다. 송월리를 비롯한 인근 마을 사람들에게 그렇게 많은 치병(治病)을 하고도 돈 한 푼 받지 않는 물질을 모르시는 분이셨기 때문이다.

내가 그 분을 뵈올 때마다 늘 강조하시는 말씀이 있었다. "신앙을 잘 하든 못 하든 간에 변치 말고 나가게, 음식은 변하면 버려야 하고, 사람도 변하면 못 쓰는 법이네." 이 말씀이 오늘따라

귓가에 쟁쟁한 것은 무슨 이유에서일까?

요즘 동학 천도교를 하다가도 교세가 약해지고 성직자가 없는 형편이다 보니, 먹고사는 것 때문에, 또는 믿음이 약해서 다른 종교로 개종하는 경우를 종종 본다. 정말 안타까운 일이 아닐 수 없다. 호산 선생님은 이와 같은 현실을 미리 내다보신 걸까? 호산 선생님이 살아 생전에는 모든 교도들이 선생이 하시는 말씀에 부정했다.

"내가 죽고 나서도 여전히 한울님을 믿고 공경하겠는가?"

라고 묻곤 하셨는데, 그 때마다 자리에 앉아 있던 교도들은 일제히 "절대 그런 일은 없을 것입니다."라고 철썩 같이 약속했다. 하지만 호산 선생님 사후, 많은 교인들이 그 약속을 지키지 못했다. '호산 선생'이라는 믿음의 의지처가 없어졌기 때문이었다. 물론 호산 선생님이 생전에 "내가 나를 믿고 나를 닦아 나를 따르게 하라."고 신신당부하셨지만, 교인들은 나 자신이 주체가 되어 한울님을 믿은 것이 아니라, 사람인 호산선생을 믿었기 때문이다.

또 흥비가에 보면 "아홉 길이나 되는 산을 만들어 갈 때 그 마음 오죽할까? 당초에 먹은 마음 지나치거나 미치지 못할까 염려해서 마음을 다 잡아 먹고 오인 육인 모을 때는 보고 나니 재미가 되고, 하고 나니 성공이라. 어서 하자 바삐 하자 그르그러 다 해 갈 때 이번이나 저번이나 차차차차 풀린 마음 초조해서 자주 보고 지질해서 그쳤더니, 다른 날 다시 보니 한 소쿠리 더했으면 여한 없이 이룰 공을 어찌 이리 미치지 못한고. 이런 일을 본다 해도 운수는 길어지고 조가튼 잠시로다."라고 밝히고 있어 수도에 계속 정진하기가 얼마나 힘든 일인가를 비유를 통해서 잘 설명해 주고 있다.

 나는 오늘 이른 아침, 집을 출발하여 교당에 아침 8시 30분에 도착했다. 물론 교당 잔디밭의 잡풀을 뽑기 위해서이다. 마음의 잡풀을 뽑듯 조심스럽게 뽑으며, "음식은 변하면 버리고, 사람도 변하면 못쓴다."라는 호산 선생의 말씀을 새삼 떠올리며, 한결같은 믿음을 다짐했다.

| 송월당 신 다 복

| 우리아이 수도원에서 절을 배운다 |

일용
행사가 '도' 아닌 것이 없습니다.
— 어린이가 신발을 정리합니다.

● ● ● 믿음

15 〉〉〉 교대 편입시험

사람의 닦고 행할 것은 먼저 믿고 그 다음에 정성드리는 것이니, 만약 실지의 믿음이 없으면 헛된 정성을 면치 못하는 것이니라. 마음으로 믿으면 정성 공경은 자연히 그 가운데 있느니라.
— 해월 최시형 법설, 제 10장 '성경신(誠敬信)' 중에서

이제껏 살아오면서 나에겐 한울님의 힘과 간섭을 느꼈던 순간이 있었다. 나는 그 이전까지만 해도 매일 9시 기도식을 모시고 매주 시일식을 봉행하면서도 명목만 천도교인일 뿐 그냥 어머니의 손에 이끌려 신앙생활을 하곤 했다. 그래서 천도교에 대한 확신과 믿음이 그리 확고하지 않았던 것이 사실이다.

그렇게 신앙을 하면서 학원 프리랜서 영어강사를 하고 있던 어느 날, 내게 한 통의 전화가 걸려왔다. 천도교 연구모임 「동귀일체」의 오제운 회장님이었다. 회장님께서는 현재 고등학교 국어선생님으로, 특히 논술지도에 탁월한 능력을 갖추신 분이다. 그런 그분이 나에게 문득 교대 편입을 권하신 것이다.

교대편입이라 함은 중등임용이 어려운 상황에서 사범대 출신자들이 교직으로 나갈 수 있는 좋은 경로라 할 수 있다. 그런 만큼 교대편입은 엄청난 경쟁과 많은 준비기간을 요한다. 그런 교대편입 시험이 일주일 밖에 남지 않았는데 오 회장님은 응시를 준비해보라고 권유하며 정보도 함께 제공해 주셨다. 나는 처음에 귀담아 듣지 않고 흘려버렸다. 나는 솔직히 자신도 없었고, 할 의욕도 없는 상태여서 미리 포기한 심정이었다. 그런데, 회장님은 다음날 다시 전화를 하셔서 시험 준비는 잘 되가느냐고 물으셨다.

그런 상황에서 어머니와 형부 그리고 언니와 남동생은 나에게 진심으로 시험에 응시해 보라고 설득하기 시작했다. 그런데 바로 그 순간 나는 한울님의 간섭이 작용함을 느꼈다. 갑자기 내 안에서 시험에 대한 도전과 자신감이 용솟음치기 시작한 것이었다. 그리고, '일주일이라는 시간이 어찌 보면 짧은 시간일 수 있지만, 교육학을 준비하기에는 충분할 수도 있겠다' 는 생각이 드는 것이었다.

그런 마음의 강렬한 힘과 변화를 느끼고 난 후, 나는 곧바로 교육학 책 2-3권을 간추려서 동네 도서관으로 향했다.

우선, 공부를 시작하기에 앞서 극진히 한울님께 심고를 드렸다. 수심정기(修心正氣)로 내 마음을 깨끗하게 하고 기운을 바르게 한 후 차분히 공부계획을 세우기 시작했다.

이렇게 시작된 공부는 점차 속도를 더해 갔고, 나는 정신과 육신의 피곤함도 느낄 새도 없이 오로지 앞을 향해 달려 나갔다. 불과 하루 이틀 만에 자신감과 의욕으로 충만한 사람으로 변해 있었던 것이다.

가족들도 시험을 준비하는 나를 위해 물질적, 정신적 협조와 지원을 아끼지 않았다. 공부에 필요한 논술과 면접 자료를 인터넷으로 검색하여 뽑아 주는가 하면 면접을 실제상황과 유사하게 테스트해주기도 하였으며 직접 시험 원서를 접수해 주기까지 하였다. 그야말로 전폭적인 지원이었다.

남들은 수개월 아니 1-2년 전부터 교육학이니 논술이니 해서 온갖 준비를 하였다지만 - 그렇게 해도 불합격하는 사람이 부지기수라는데 - 나는 아무 의지할 것도 없이 내 안의 한울님의 힘과 자신감 하나로 일주일 동안 오로지 공부에만 전념하였다. 마치 돋보기로 햇빛을 모아 불을 지피려는 것처럼

그렇게 공부를 하면서 나는 이렇게 어려운 교대편입 시험을 짧은 준비기간 동안 자신감을 갖고 공부에 집중할 수 있게끔 간섭해주신 한울님께 감사한 마음이 자꾸 들었다. 그래서 늦은 시간 공부를 끝내고 집에 돌아오면 반드시 기도식을 모시고 한울님께 하루를 고하는 것으로 일과를 마쳤다.

그렇게 준비한 시험은 고대하던 합격의 기쁨으로, 더구나 우수한 상위권의 성적으로 입학하게 되는 영광으로 돌아왔다. 정말 꿈같은 일이란 게 이런 것인가 싶었다.

게다가 교대 생활을 하면서 학교에서 보내주는 영어 연수과

정에 선발되어 뉴질랜드연수를 다녀오는 행운을 누리기도 했다. 책으로만 접하던 선진 외국의 초등교육 실태를 직접 살펴보고 체험하는 기회를 가진 것이다. 정말 모든 것이 한울님의 간섭으로 이루어진 것이라 생각이 들었다.

나는 이러한 체험을 통해 더욱 더 천도교에 대한 믿음과 확신을 돈독히 하게 되었고 2년간의 교대생활을 무사히 잘 마칠 수 있었다. 올해초 나는 초등임용고시를 상위권으로 합격하여 06년 4월부터 경기도 성남에서 초등학교 교사로 근무하고 있다.

사실 오랫동안 천도교를 믿으면서도 나만의 체험이나 증험을 하기 전에는 막연히 타의에 의한 신앙생활을 해 왔지만, 이제부터는 한울님의 모심을 알게 되어 내면의 기쁨을 맛보면서 보다 주체적으로 신앙생활을 하게 되었다. 항상 한울님의 간섭과 감응 속에서 살아가고 있다는 것이, 나에겐 큰 행운이며 삶 그 자체임을 알게 된 것이다.

| 심화당 한 주 희

4부

어느 여름날의 천심(天心)
자지 끝에서 나온 놈아
비옷
5만원이 주는 의미
덕(德)에 대하여
스마일 맨

● ● ● 천지부모

16 》》 그 어느 여름날의 천심(天心)
―착한 우리 아이에게 주는 편지

> 한울님 말씀은 대개 강화로 나오는 말을 이름인데, 강화는 사람의 사사로운 욕심과 감정으로 생기는 것이 아니요, 공변된 진리와 한울님 마음에서 나오는 것을 가리킴이니
> ― 해월 최시형 선생 법설, 제 22장 '천어(天語)' 중에서

팔월의 장맛비가 오락가락하는 어느 여름날이었다. 오후에 "지홍이 아버지세요? 흐 흑 흑…" 하고 말을 잘 잇지 못하는 전화 목소리에 가슴이 덜컥 내려앉았다. 목소리의 주인공은 바로 이웃에 사는 젊은 댁이었다.

나는 그때 봉천동의 순환도로변에 있는 무허가 건물이 오밀조밀하게 들어찬 동네에 살고 있었다. 이 건물은 처음 한강의 홍수로 강변에 살던 난민들이 봉천동에 정착하면서 지은 8평짜리 벽돌집이었다. 내가 이곳에 살기 시작한 70년대 초만 해도 서울의 외각으로 개천을 따라서 버드나무가 서 있었고 어느 시골 풍경처럼 아이들이 놀았다. 그런데 급격히 도시가 발달하여

빌딩이 들어서고 순환도로가 나면서 초라한 무허가 동네로 퇴락해 갔다. 그래도 여기에서 토박이처럼 살고 있는 사람들은 여유로운 마음으로 이웃이 서로 음식을 나누어 먹으면서 인심이 좋았다. 마을에서 무슨 일이 일어나면 일을 거들어 주기도 하고 이웃사촌으로 지냈다. 유독 이웃의 젊은 소영이 엄마는 놀러 와 곧잘 집일을 거들어 주곤 했다.

큰 수술을 해서 움직일 수 없는 아내와 4살이 되는 막내만 집에 남겨두고 가족 모두가 집을 비워야 했다. 나는 직장으로 나가야 했고 첫째, 둘째, 셋째, 넷째, 딸아이들은 학교에 모두 가야 했다. 그래서 막내만 엄마 곁에 꼭 붙어 앉아서 시중을 들고 있던 때였다. 상황이 그러니만치, 그 여름날의 갑작스런 전화에 가슴이 덜컥 내려 앉을 수밖에 없었다. '올 것이 왔구나, 위급한 상황인가 보다' 생각했다. 그런데 이어가는 이웃 젊은 댁의 이야기가 영 딴판이었다.

"아니, 지홍이가…, 흑 —" 울면서 얘기를 했다.

상황을 간추려 정리하면 이러했다. 척수종양 수술로 아내가 긴 병원생활을 마치고 집으로 돌아왔을 때에, 희망보다는 절망을 안고 차라리 편안히 집에 있으려고 퇴원했다. 그때 환자는 전신이 마비에서 조금 풀리고 겨우 두 손으로 방바닥을 짚고서 몸을 좌우로 조금 뒤척일 정도였는데 대소변을 받아내야 했다. 온 가족이 함께하는 긴 투병생활은 태풍이 쓸어가듯 온 집안의 정서를 삭막하게 만들어 놓았고 경제는 여의치 못했다. 우환이

도둑 중에도 큰 도둑이라는 말을 체감하며 절실한 하루하루였다.

　절망의 나날들! 처음 집에 돌아왔을 때엔 한동안 문병 온 사람들로 외롭지 않게 그런대로 지냈는데, 친척들도 모두 다녀간 다음, 빈 방에는 찬바람만 불고 4살짜리 막내와 환자만이 쓸쓸히 있게 되었다. 가끔 이웃들만 들락거릴 뿐이었다. 방안은 탈지면이며 약병이며 변기며 그 모양이 꼭 병동을 옮겨 놓은 스산한 풍경이었다.

　그렇게 한 봄이 다 지나고 믿어지지 않게 환자는 차도를 보이고 조금씩 회생되어 가고 있었다. 혹 이웃이 서넛 찾아와 모이게 되면 막내에게 "어떻게 엄마 병 수발을 하지?" 하고 물으면, 그때마다 4살 어린 것이 대변을 받아내는 시늉이며 변기를 물에 씻는 시늉을 했다. 그렇게 4살 막내는 엄마 곁에 바싹 붙어 앉아 있었는데, 환자는 비가 오려고 하면 유독 신경통으로 괴로워하곤 했다. 아이는 비만 오기 시작하면 고통스러워 신음하는 엄마를 보게 되었다. 그런 어느 날 사정없이 비가 쏟아지자, 아이는 느닷없이 우산을 받쳐 들고 소리쳐대며 골목을 돌아다녔다.

　　비야 비야 오지 마라
　　우리 엄마 아프신다
　　비야 비야 오지 마라

우리 엄마 아프신다.

　노래하며 빗속을 걸어 다니는 아이의 모습을 창밖으로 본 이웃 새댁이 뛰어나와서 아이를 부둥켜안았다. 그러자 이웃들이 모두 눈물 바람으로 울음 골목이 되어버렸다.
　어느 여름날, 이렇듯 전선을 타고 전해 온 4살짜리 어린 것의 이야기는 나를 한동안 말을 잊게 했다.
　그들은 모두가 종교가 다른 이웃이다. 눈앞에 이웃들이 어우러진 모습이 비속에 어리었다. 소영이네는 비종교인이다. 유희네 집은 무당을 줄곧 찾는다. 대현이네는 절에 다닌다. 그런 이웃들이 똑같이 아이를 껴안고 눈물바람을 하고 있다. 그렇다, 아이의 천심은 이렇듯 모든 것을 하나로 만든다. 문득 깨닫는다. 나의 생활 속에서 깨닫는 도(道) 그간의 알고 있다고 생각했던 지식의 모든 관념이 일시에 지워졌다. 바로 막내 아이에게서 배운 도야말로 간단하고 명료했다. 마치 빈 그릇에 공명이 울리듯이 자기의 모든 것이 비워진 마음, 그 천심의 공명이야말로 동귀일체의 모습이 아닌가, 그래서 동귀일체는 '하는 것'이 아니라 '되어지는 것', '이루어지는 것'이며, 바로 천심으로써였다.
　희열이라 할까, 뜬 기분으로 어떻게 집에 도착했는지 모른다. 집에 들어섰더니 이웃들과 막내아이가 맞이한다. 천심이 곧 인심이었다. 이웃이 단순히 이웃으로 살고 있는 것이 아니라, 천심이 살고 있다는 것을 느껴 감격하고 만다. 그런 마음이 들자, '지극한 천심으로써 이루지지 않을 게 없으려니' 생각이 들고 새로운 희망을 갖게 되었다.

"용기를 잃지 말자, 하늘이 있다" 나는 아내에게 말했다. 그때 주위를 돌아보았을 때, 삭막한 공간으로 느껴지기만 했던 방안이 온통 무엇인가 희망이 가득 차 있는 것 같다. 이날 이후 이웃들이 스스로 다투어서 소영이네는 빨래를 맡아 주고, 유희네는 설거지며 청소를 맡아 주고, 대현이네도 시장을 봐 주고 이렇게 이웃이 늘 방안에 모여 지냈다. 그래서 기적이 일어났을까. 봄이 지나고 여름도 지날 무렵 아내는 일어나 앉아 이웃들과 어울리게 된다.

그때 막내 위로는 딸 넷이 더 있었는데, 갑자기 엄마가 아파서 걷기조차 어렵게 되자 아이들은 부엌일을 도왔다. 큰아이가 초등학교 4학년이었고 둘째가 3학년이었는데, 저희들끼리 약속하여 한 아이는 밥을 짓고, 한 아이는 설거지를 하고 이런 식으로…. 셋째, 넷째인 오손이와 도손이도 함께 도왔다.

그러나 병이 차도가 없어 몇 년을 이렇게 지내다 보니 어린 딸들이 절망을 했는지, 처음에 그 기특하고 착했던 딸아이들이 점점 억세어지고 서로 다투기 시작했다. 이런 모습은 아픈 엄마의 눈물을 흘리게 했고, 매일 매일의 황량한 집안 분위기는 아이들의 꿈을 앗아갔다.

나는 한 생각에, 막내딸 아이가 중학교에 가게 된 어느 날 그 아이를 부부 앞에 불렀다. 그리고 큰절을 하고 등록금을 받아 가도록 했다.

처음에는 쑥스러워하더니 이내 큰절을 했다. 이 때 나는 예쁜 봉투를 내놓고, "엄마가 생활비를 아껴 오천 원을 더 넣었다. 그리고 아빠는 용돈을 못 넣고 꿈을 넣었단다."라고 말했다.

그러자 딸아이가 금세 눈물을 뚝뚝 떨어뜨렸다. 나는 지금도 늘 꿈을 담는 봉투를 준비하고 있다. 성큼 자란 아이들을 위하여

| 동학 시인 오 진 현

● ● ● 천지부모

17 》》 자지 끝에서 나온 놈아

내가 부모 섬기는 이치를 어찌 다른 사람의 말을 기다려 억지로 할 것인가. 도무지 이것은 큰 운이 밝아지지 못한 까닭이요 부지런히 힘써서 착한데 이르지 못한 탓이니, 참으로 개탄할 일이로다.
— 해월 최시형 선생 법설, 제 2 장 '천지부모(天地父母)' 중에서

그해가 어느 해인지 정확하게 기억되진 않는다. 아마도 아버님의 연세가 83세쯤 되었을 때인 것 같다. 여느 해보다 유난히 춥고 눈이 많이 내리던 겨울, 아버님과 나, 조카 셋이서 부안 상서에 있는 호남 수도원에서 1주일 동안 수련을 했다.

셋이서 오랜만에 한 방에서 평좌한 채 무념무상의 한울자리를 생각하며 깊은 명상에 잠기는데, 윙윙거리는 찬바람만이 창호지 문살을 세차게 할퀴며 방안의 정적을 훔치고 있었다. 그렇게 오전 2시간을 보냈을 때, 어디선가 비릿한 냄새가 코를 진동하기 시작했다. 역겨워서 정말 참기 힘들었다. 그러나 그것은 평소 많이 익었던 냄새인 줄 금시 알아챘다. 다름 아닌 아버

님의 소변 냄새였던 것이다.

　연로하신 아버님이 언제인가부터 전립선이 비대해져서 아버님 자신도 모르게 소변을 속옷에 재리곤 하셨던 것이다. 나이에는 장사가 없다는데…. 70세 때만해도 그렇게 정정하셨는데…. 아버님이 소변으로 고생하신 지는 꽤 오래 되었다. 처음 그 증상을 호소하시는 80세 무렵, 아버님을 모시고 대학병원에 가 보았는데, 수술하시기에는 너무 연로하시고, 수술을 하신다고 하더라도 별 차도가 없다는 의사 선생님의 말씀에 노인성 질환이라 자위하면서 불편하시더라도 옷을 자주 갈아 입혀드리고 신경을 써서 모시기로 작정했던 것이다.

　불편하시지만 크게 건강에는 지장이 없는 것 같아서 만년에 못다 하신 여행을 하시도록 주말이면 가까운 명소를 찾아 돌아다니곤 하다가 정신 건강을 위해 다 같이 이처럼 수도원을 찾았던 것이다. 화장실에 가실 경우에도 소변이 옷에 묻기 때문에 같이 가서 일을 본 경우가 많았다. 하지만, 같은 방에 있어도 그렇게 장시간 같이 앉아 있질 않았기 때문에 소변 냄새가 그렇게까지 역겹게 느껴질 못하고 지내던 터였다.

　그러나 수도원에서는 식사시간과 화장실 가는 시간 외에는 온 종일 같은 방에서 같이 지내게 된다. 그래서인지 그날따라 정말 참기가 힘들었다. 해서 마음 속으로 주문을 외우면서 냄새를 생각하고, 아버님을 생각했다. 수련의 극치에 이르면 이신환성(以身環性)이 된다는데…. 나는 왜 아버님의 소변 냄새 하나 극복하지 못할까? 하며 깊은 생각에 잠겼는데, 갑자기 나도 모르게 크게 웃음이 터지며, 웃음이 그치질 않았다. 수련 중에 갑자기 큰소리로 웃는 바람에 아버님도 조카도 눈이 뚱그레지며 놀라는 표정이었다. 마치 내가 실성이라도 한 것처럼 걱정스러운 표정으로. 계속해서 온몸을 흔들며 크게 웃기를 5분 이상 계속 하자, 아버님이 놀래서 하시는 말씀이

"애야 괜찮냐? 왜 그러냐?" 이어서 조카도

"작은 아버지, 왜 그러세요. 말씀 좀 해 보세요. 예?"

나는 웃음을 멈추고 난 뒤, 자초지종을 이야기했다.

수련 중에 아버님의 소변 냄새가 너무도 역겨워서 '나는 왜 소변냄새 하나 극복하지 못할까' 라고 생각하면서 수련에 임하고 있는데, 어느 순간 갑자기 섬광처럼 깨달음의 말씀이 터졌는데, 그건 다름 아니라 '자지 끝에서 나온 놈아! 자지 끝에서 나온 소변 냄새 하나 맡질 못해!' 이 말씀이 나도 모르게 터지면서 계속 되는 웃음을 참지 못했다고 말씀드리자, 다 같이 또 한바탕 웃게 되었다. 평소에는 그렇게 깊게 생각하질 않았기 때문일까?, 너무도 평범한 이야기인데. 그 웃음과 말씀이 터지면서부터는 1주일 수련 내내 아버님의 소변냄새가 역겹질 않았다. 오히려 고소하게까지 느껴졌다. 모든 것은 마음먹기에 달려있기 때문일까? 마음이 육신관념을 지배하기 때문일까?

| 운암 오 제 운

| 우리아이 수도원에서 절을 배운다 |

한울
님께 청수를 봉전합니다.

● ● ● 천지부모

18 ⟩⟩⟩ 비옷

천지부모를 길이 모셔 잊지 않는 것을 깊은 물가에 이르듯이 하며 엷은 얼음을 밟는 듯이 하여, 지성(至誠)으로 효도를 다하고 극진히 공경을 다하는 것은 사람의 자식된 도리이니라.
— 해월 최시형 선생 법설, 제 2장, '천지부모(天地父母)'중에서

1988년 12월 20일, 반쯤 넋 나간 듯한 나는 서울행 고속버스에 몸을 싣고 부안을 떠난다. 회색빛 하늘에서는 세찬 바람에 눈발이 어지럽게 흩날리고 있다. 반쯤 눈을 감았다 떴다 한다. 가끔씩 환하게 웃는 어머님의 모습이 아른거리다 사라지곤 한다. 잠결에 어머님의 떨리는 음성이 들려온다.

"제운아! 동기가 보고 싶다.~~"

전화선을 타고 들려오는 음성이다. 너무도 애련하게 들려오기에 고개를 흔들어 음성을 거부하려 한다. 이제는 어머님의 잠자는 듯한 얼굴이 떠오른다. 그것도 아주 평화롭게. 나도 모르게 눈물이 비 오듯 흘러내린다. 비몽사몽 간에 눈을 떠보니 강

남 고속버스터미널이다. 또 다시 상봉터미널로 향한다. 강원도 행 버스를 타기 위해서이다. 터미널에는 휴가를 마치고 부대로 복귀하는 군인들이 북적인다. 모두가 건강한 얼굴이다. 의지에 찬 믿음직한 얼굴이다. 나도 모르게 거울을 들여다 본다. 군인 들과는 너무나 대조적이다. 파리한 얼굴에 초점을 잃은 눈망울!

처음 타는 두촌·인제 행 버스는 눈 때문인지 무척 터덕거린 다. 4시간 이상 걸려 내린 두촌읍, 처음이지만 낯설지 않고 포 근하게 느껴진다. 가방을 메고 30분 이상 걸으니 산 중턱에 두 채의 집이 보인다. 저기가 바로 큰형님께서 말씀하신 가리산 수 도원이라는 말이지. 나는 길게 심호흡을 한 뒤, 수도원을 향하 여 걷기 시작하니 웬 촌로가 마중을 나온다.

"어서 오세요. 모시고 안녕하세요."

너무도 다정다감한 말씀에 온몸이 다 녹아내린다. 수도원 원 장님이 손수 마중을 나오신 것이다. 이분이 그렇게도 유명하다 는 조동원 원장님이라는 말인가? 실망 반, 호기심 반으로 계속 해서 살펴보았다. 너무도 평범한 틀림없는 시골 할머니다. 방에 도착하니, 어머님의 삼우제를 지내고 온 심정을 헤아리기라도 하듯이 '위령송'을 부르고 있다.

"장평갱졸 많은 사람 한울님을 우러러서 조화중에 생겼으니 은덕은 고사하고 근본조차 잊을소냐 불망기본 하였어라. 효박 한 이 세상에 불고천명 하단말가. 가련한 세상사람 경천순천하 였어라."

나도 모르게 눈물이 또 비 오듯 쏟아지고 눈물과 콧물이 범벅되어 방을 흥건하게 적신다. 너무도 오랜만에 실컷 울어본다. 그 날 저녁, 식사를 마친 뒤 수도원을 찾은 이유를 생각하며 조용히 눈을 감는다. 지금까지 살아온 삶을 참회반성하기 위해 성주문(3·7자)을 외우면서 생각이 가능한 시절부터 회상하며 참회하기 시작한다. 그런지 이틀째, 국민학교 2학년인 때의 모습이 클로즈업되었다.

비가 오는 날, 집에서 학교를 가려 하고 있다. 어머님이 따라 나오시면서 비옷을 입고 가라 하신다. 나는 어린 마음에 창피하게 느껴서 뿌리치고 가려 하자, 멀리까지 따라 나오시면서 나를 나무라시고 말을 듣지 않는 나를 때리시며, 옷을 입히신다. 나는 울면서 마지못해 학교에 간다. 어머님은 걱정스러운 듯 한참이나 지켜보고 계신다. 거의 20년 이상이나 까마득하게 잊고 있던 일이다. 눈물이 앞을 가리고 더 큰소리로 목 놓아 운다.

"어머니!"

"어머니!"

"흑흑!"

그 때만 해도 경제적으로 어려운 시절이고 아들, 딸이 많던 때라 비료부대를 갈라 팔을 넣고 입을 수 있도록 만든 옷으로 우산을 대신했다. 나는 단지 창피하다는 생각 하나만으로 어머님의 그 크신 사랑을 뿌리치려 했던 것이다.

너무도 철없는 나였기에, 따뜻한 어머님의 사랑이었기에 가슴이 아파 울고 또 울었다.

　이처럼 가리산 수도원을 찾게 된 것은 살아생전 어머님께 저지른 불효를 씻어보고자 함이었고, 돌아가시기 이틀 전 꼭 보고 싶다는 애련한 전화 말소리를 듣고서도 눈이 많이 왔다는 핑계로 찾아뵙지 못한 회한의 마음을 치유하기 위해서였다.

　내 생전 21일 수도를 처음 했다, 어머님의 사랑을 그리워하고 불효한 마음을 씻어보고자. 어쩌면 그리도 많은 눈물이 흐르는지, 21일 동안 매시간 참회하고 참회해도 눈물이 마르질 않는다. "천지는 곧 부모요, 부모는 천지니 천지부모는 일체이니라." 라는 해월(최시형) 선생님의 말씀이 그 당시는 어쩌면 그리도 간절하게 가슴에 와 닿았던지….

| 운 암 오 제 운

● ● ● 천지부모

19 >>> 5만원이 주는 의미

천지가 나를 화생하고 나를 성장하게 하나 천명을 받아서 가르치고 기르는 것은 부모의 은덕이니 그런 즉 천지가 아니면 나를 화생함이 없고 부모가 아니면 나를 양육함이 없을 것이니 천지부모가 복육(覆育)하는 은혜가 어찌 조금인들 사이가 있겠는가.
— 해월 최시형 법설, 제 3장 '도결(道訣)' 중에서

직장생활을 하고 월급을 받게 되면서 나름대로 생활에 여유도 생기고 하고 싶은 것도 하게 되었다. 남보다 다소 늦었지만 자립이라는 것이 이래서 좋은 것이구나 싶었다. 그렇게 몇 달을 보냈던 것 같다. 그러나 시간이 지날수록 무언가 가슴에 허전하고 아쉽다는 느낌이 들기 시작했다. 그냥 이렇게 내가 벌어 쓰면서 살아가면 그뿐인가. 마음속에서부터 좀 더 의미 있는 것을 찾고 있다는 것을 알게 된 것이다. 시간이 갈수록 이 생각은 또렷해져서 그냥 지낼 수가 없게 되었다. 무얼까 어떻게 하면 될까?

하루는 내가 잘나서 나 혼자 노력해서 IMF속에서 직장을 얻

고 남보다 나은 조건에서 살고 있는 것은 아니라는 생각이 들었다. 나는 어디서부터 비롯되었는가. 그렇다. 나를 낳아준 부모님이 계시기에 내가 존재하는 것 아닌가. 그러면 내가 땀 흘려 번 돈의 전부는 아니더라도 일부분이라도 이 세상에 나를 있게 해주신 부모님께 바쳐야 할 것이 아닌가. 그것이 부모님의 희생에 대한 나의 조그마한 도리가 아닐까. 물론 첫 월급 받고 부모님께 내의도 사 드리고 계기가 있을 때마다 용돈을 드리곤 하였지만 뭐랄까 꾸준함이 없어서인지 큰 의미를 느끼지 못했던 것 같다.

여기까지 생각이 미치자 나는 하얀 봉투 2개를 책상에서 꺼내 들었다. 그리고는 '아버님' '어머님' 이라고 각각 겉봉에 쓰고 5만원씩을 넣는다. 그리고 안에 그동안 저를 길러주신 은혜에 감사드린다는 말씀과 최근 나의 근황을 소상히 적은 글을 함께 집어넣는다. 이렇게 고향에 계신 부모님께 나의 작은 정성을 보내드린 지가 벌써 만 5년이 다 되어간다. 앞으로 평생 동안 할 생각이다. 부모님은 가끔 "고향에는 형도 있고 너는 객지에서 늦은 나이에 직장생활을 하고 있는데 뭐 하러 자꾸 돈을 보내느냐. 하지 마라"고 말씀하시지만 싫지는 않은 모습이다.

이후 얼마 안 있어 결혼을 하게 되면서 아내에게 다짐을 받은 것이 있다. 당신과 내가 월급을 받으면 제일 먼저 부모님, 장인·장모님께 바칠 돈을 떼 놓고 생활비는 그 다음에 사용토록 하자고. 고맙게도 아내는 나의 말을 잘 지켜주고 있다. 매달 월급을 받은 저녁이면 부부가 함께 앉아 4개의 봉투위에 나는 '장인어른' '장모님' 을, 아내는 '아버님' '어머님' 을 각각 쓴다. 그리고는 각각 최근 소식을 담은 짧은 편지를 넣는다.

　이렇게 하다 보니 우리 부부는 서로 뿌듯함을 느끼면서 말이 없는 가운데도 가정의 윤리와 기강이랄까. 이런 것이 자연스럽게 서는 것을 알 수가 있다. 그리고 이 일로 웃은 일도 있다. 한 번은 처가 쪽에서 집안모임을 하였는데 이 이야기가 나왔다고 한다. 그 중에 아내의 사촌 형제 중 한명이 집에 돌아가서 자기 남편에게 "당신은 왜 장인장모에게 그렇게 하지 못하느냐" 며 대판 싸움을 벌렸다나.

　우리 부부는 몇 년 전부터 장인 장모님을 모시고 살고 있다. 그러면서 매달 장모님께 생활비를 따로 드리고 있다. 하지만 그와 별도로 하얀 봉투에 넣은 우리의 작은 정성은 계속해서 하고 있다. 5만원이라는 돈, 결코 크지 않는 돈이다. 흔히 하는 말로 술 한잔하기에도 부족하다. 하지만, 나에게 이 5만원은 돈 이상의 의미를 가진다. 부모님과 나를 이어주는 끈이라고 할까. 말 없는 가운데 교감을 나누는 통신선 정도로 표현해 두자. 매달 겉봉을 쓸 때마다 부모님의 은혜를 한 번 더 생각하면서 나의 존재와 위치를 다시 새기게 되는 것이다.

| 원암 김 창 석

| 우리아이 수도원에서 절을 배운다 |

주문
을 외우며 수도 연성을 합니다.

● ● ● ● 천지부모

20》》》 덕(德)에 대하여

덕(德)이 있는 바를 알지 못하거든 내 몸의 화해난 것을 헤아리라.
— 수운 최제우 대선생 『동경대전』 '전팔절(前八節)' 중에서

국어교육과 교과 교육론 강의는 국어교육과를 비롯해서 사범대 학생들이 부전공으로 받는 교과목이다. 매주 수요일 7·8교시 원광대학교 사범관 204 강의실, 110명의 학생들로 입추(立錐)의 여지가 없다. 매주 하는 강의이지만, 학생들을 대하는 내 자신은 항상 생동감에 넘친다.

한 번은 학생들에게 '덕(德)'에 대해서 묻고, 내가 생각하는 덕의 개념과 가장 근접하는 학생에게 학기 중 레포트를 면제해 주겠다고 제안하자, 여기저기서 학생들이 손을 들고 저 나름대로의 '덕(德)'에 대하여 진지하게 발표한다. 하지만, 내가 깨닫고 생각한 시원한 대답은 없고, 지금까지 교과서적이고 사전적

인 지극히 추상적인 '남에게 베푼다.'는 말씀이 주 내용이었다. 그도 그럴 것이 지금까지 '덕(德)'에 대해서 진지하게 생각해 보지 않았기 때문이리라.

그래서 나는 '덕(德)'이란 글자를 파자(破字)하면서 설명하기 시작했다. 두 인변에 십사에 일심. "두 사람의 남녀가 십 사 세가 되어 한 마음으로 부부가 되면 어떻게 되지요"라고 묻자, 몇 몇의 학생들이 "아들, 딸을 낳게 되지요."라고 대답한다. 그러면 이제 '덕(德)'이 무엇인지 확연하게 말할 수 있지 않느냐고 재차 물으니까, 학생들은 빙그레 웃기만 한다. 한자어의 모든 낱말이 이처럼 파자(破字)한다고 그 의미가 확연하게 드러나는 것은 아니다. 하지만, 한자는 여느 문자와는 달리 뜻글자이기에 사물의 모양을 본떠 만든 상형자(象形字), 뜻을 합하여 만든 회의자(會意字), 추상적인 내용을 지시하는 지사자(指事字)와 같은 글자가 있어서 생각하고 생각하면, 그 낱말의 본래 의미를 유추해낼 수 있다.

노자는 『도덕경』에서 '덕(德)'을 '바다'에 비유하여 가장 낮은 자리에 위치해 모든 사람을 받아들이는 '수용성(受容性)'으로 표현했다. 이 또한 '덕(德)'의 멋진 표현이 아닐 수 없다. 하지만, 한자어 낱말로 이해하기는 거리가 있고 가슴에 와 닿지 않는다. '덕(德)'을 파자(破字)했을 때만이, 그 의미가 실감나게 느껴진다. '남녀가 이성을 알 나이인 14세가 되어 부부가 되면 아들, 딸들을 낳게 된다는 의미', 이것은 곧 '낳는다, 생산한다'는 의미를 가지게 되며 그 의미를 확장했을 때, 천덕(天德)은 곧 하늘이 온 사물을 낳아 길러주는 은혜를, 인덕(人德)은 부모가 자식을 낳아 길러주신 은혜를 뜻하게 된다.

'덕(德)'의 개념을 이처럼 풀이하며 호산 오문술 선생이 말한 3생(生)으로 설명했다. '덕(德)'이란 한울이 만물을 낳고(날 생), 살게 하며(살 생), 죽어가는 것들을 살리는 것(살릴 생)이며, 유형적으로 낳고 길러주며 베풀어주는 것 뿐 아니라, 정신적으로 절망의 늪에서 허우적거리는 창생들에게 삶에 희망과 용기를 심어주고, 기쁨을 가지고 살아갈 수 있도록 베풀어주는 것이 덕(德)이 아니겠느냐고 말하자, 모든 학생들이 밝은 표정으로 듣고 기쁜 빛을 띠었다.

그래서 이어 말씀드리기를 부모님의 '덕(德)'을 입어 이처럼 여러분이 태어났으니, 은혜를 갚는 길은 제일 먼저 여러분 또한 결혼하여 아들, 딸들을 낳아 길러주는 것이니, 독신생활을 하려는 마음을 먹은 사람은 이 기회에 아예 마음을 바꾸라고 하니, 모두가 박장대소(拍掌大笑)한다.

| 운암 오 제 운

| 우리아이 수도원에서 절을 배운다 |

아이
의 마음은 천심입니다.

●●● 믿음

21 >>> 스마일 맨

천지는 곧 부모요 부모는 곧 천지는 천지부모는 처음부터 사이가 없느니라.
— 해월 최시형 선생 법설, 제 3장, '도결(道訣)' 중에서

내가 장인어른을 처음 뵌 것은 아내와 결혼하기 몇 달 전이다. 평소 자주 이야기를 들었지만 나는 춘천으로 가는 차안에서 줄곧 어떤 모습에 어떤 성격의 분이실까 하는 생각을 하였다.

장인어른은 아담한 체구에 몸이 약간 편치 못하신 듯한 모습이었다. 환갑을 눈앞에 두셨는데, 첫눈에 항상 웃음을 머금은 그 모습에서 그 분의 삶과 인생을 느낄 수가 있었다. 내가 맞사위가 될 사람이라 그랬는지 융숭한 대접(?)을 받으면서 여러 시간 동안 이런 저런 말씀을 나눈 것으로 기억한다. 이후 결혼 전에도, 결혼하고 나서도 종종 춘천으로 가 장인어른을 만나뵙곤 하였는데, 항상 웃음과 소박함으로 나를 대하시는 모습이 참으

로 편안하고 보기에 좋았다.

결혼하고 나서 첫 애가 태어나고 몇 달이 지나지 않아서 장인어른의 병세가 차츰 악화되기 시작하자, 나는 어느 날 아내에게 "당신이 장녀이고 내가 맏사위가 되니 우리가 장인 장모를 모시는 게 어떨까? 장인어른에게 가장 필요한 것은 가족들의 사랑일 텐데, 그리고 장모님 혼자서 장인어른 수발하시기가 쉽지 않을 것이고"

아내는 고마워하면서도 선뜻 받아들이지를 못한다. 비록 대전 KAIST에서 공부를 하고 있는 학생이지만 엄연히 처남이 있고, 장인어른의 형제분들이 다 계신데 하루아침에 살림을 사위 내외가 있는 경기도 의왕으로 옮기자고 권하기가 부담스러웠던 모양이다.

그리고 다시 몇 달이 지났을까 장인어른은 자꾸만 약해져갔다. 소변 배출이 안된다는 것이었다. 중추신경이 손상되어 호흡·순환 기능이 자꾸만 떨어져 가는 중이었다. 그 날 부리나케 춘천을 방문하여 장인어른을 뵈었을 때, 언제나 그랬듯이 미소를 머금은 얼굴 속에서 "이대로 죽어갈 수만은 없다"며 간절히 도움을 요청하는 장인어른의 또 다른 모습을 볼 수가 있었다.

이대로는 안 되겠다 싶어 장인어른을 모셔야겠다고 아내와 처남, 처제, 그리고 장모님을 설득하기 시작했다. 하지만 막판에 집안의 반대로 좌절되고 의왕 집으로 넘어오던 그 날 나는 장모님께 울먹이며 전화를 걸었다. "장모님! 이건 아닙니다. 이

것은 가족들이 중심이 되어 결정하고 나가야 할 문제입니다. 사위도 자식입니다. 사실 장인어른 집안이나 형제들이 장인어른 편찮으실 때 누구 하나 수발들고 돌봐줄 수는 없는 것이 현실 아닙니까?" 전화선 너머로 장모님의 울먹이는 소리가 들렸다.

그 해 11월 우리는 경기도 의왕에 있는 새 아파트를 구해 장인어른을 모셨다. 물론 입주 직전 장인어른은 서울대병원에 긴급 입원하여 소변 호스를 내는 수술을 하고 나서 말이다. 이후 집안에는 웃음이 찾아왔다. 하루종일 외손녀 태연이의 재롱을 보면서 조금씩 재활치료도 하시면서 장인어른은 모처럼 가족의 푸근함을 느낄 수 있었다. 같이 지내게 된 처제와 주말이면 올라오는 처남까지, 그야말로 온 가족이 모여 서로 못다 한 이야기를 나누며 식사도 하고 9시가 되면 저녁 기도식을 모시며 하나됨을 느꼈다. 언제나 웃으시는 장인어른의 얼굴이 한껏 더 웃음으로 가득차 보이는 나날이었다.

나는 그러면서 마음속으로 다짐한 것이 있었다. "환자에게 필요한 것은 선생이나 간섭하는 사람이 아니다. 환자가 바라는 것은 아픔을 함께 하는 동반자와 친구일 것이다. 비록 부족하지만 내가 그 역할을 해야지"라고 말이다.

나는 장인어른의 치료기간이 길어지면서 자신도 모르게 아내를 비롯하여 가족들 모두가 "아버지, 아침에는 일찍 정시에 일어나고 식사는 규칙적으로 하고 운동도 게을리 말아야 해요"라며 재촉하는 모습을 수시로 보았던 것이다. 그래서 나는 평소에도 늘 장인어른 편이 되어 운동이 힘들다 싶으면 쉬었다 하시자고 하고 기상시간도 적당히 조절해주고, 일요일 교구에 시일을 보러가기 싫으시면 그냥 집에 계셔도 된다는 등 방패막이 역할을 자청하였다.

그리고 틈만 나면 옛날 이야기 책도 구입해 드리고 운동도 좋지만 우선 몸이 편해야 하니까 전동식 휠채어도 하나 구입해 드리고, 장인 어른에게 힘이 되어 드리려 하였다. 때로는 가족들의 반대를 무릅쓰면서 말이다. 그럴 때면 장인 어른은 항상 내 손을 꼭 잡으시며 "사위, 고맙네... 정말 고마워..." 하시고는 눈물을 글썽이곤 하셨다.

그렇게 1년여를 지내던 어느 날 장인어른이 갑자기 쓰러지셨다. 기력이 뚝 떨어지시면서 호흡까지 어렵게 된 것이다. 그날로 서울대병원 응급실로 급히 옮겨진 후 다시 중환자실에서 몇 주를 보내고 다시 신경과로 옮겨 마지막으로 재활과로 이동, 2달 가량 장기 치료를 받게 되었다.

이때 얻으신 별명이 '스마일 맨' 이다. 생사를 오가는 그 순간에도 의사와 간호사들에게 틈만 나면 손을 흔들고 엄지손가락을 치켜세우며 미소를 지어 보이시는 장인어른을 그렇게 부르기 시작한 것이다. 단순히 하나의 치료대상으로 전락하여 수시로 채혈하고 까다로운 검사를 받으며 시달리는 그 와중에도 단 한번 짜증을 내거나 거부하는 일도 없이 말이다.

그 후 장인어른은 잠시 퇴원하시어 가족 품에 안기셨다가 한

밤중에 다시 증세가 악화되어 병원 4곳을 전전한 후에 다시 서울대 병원에 입원하셨다. 내가 퇴근 후 면회를 갈 때면 손을 잡으시며 "고맙네. 사위만 믿네… 부탁하네…" 이 세 마디로 가슴속에 담긴 모든 말을 대신하고는 우신다. 입·퇴원이 반복되자 마음이 약해지셔서인지 눈물을 흘리시는 횟수가 많아지신 것이다.

그러나 당신이 환자라는 현실을 잊게 해드리려 우스개 소리도 하고 다른 화제를 꺼내면 언제 그랬느냐는 듯이 웃음을 머금으신다. 물론 간병을 맡은 간호사들에게 "고마워요. 수고했어요"하며 엄지손가락을 치켜 세워주시는 일도 계속 하신다.

내가 장인어른을 모신 것은 불과 2~3년에 지나지 않는다. 되돌아보면 해야 할 도리를 다 했는지 너무 부족한 점이 많았던 것 같다. 장인어른은 8년 전에 일을 하시던 중 낙상하시면서 골반이 다 깨어지고 뇌를 다치셨다. 병명도 정확하지 않다. 중추신경에 손상이 가면서 시간이 지날수록 동작이 흐트러지고 말이 어눌해지고 특히 호흡, 순환기능이 급격하게 약화되고 있다. 노화가 빨리 오고 있는 것이다.

앞으로 얼마동안 더 같이 생활을 하게 될지 모르지만 나는 장인어른과 함께 하였고 할 시간들을 결코 잊을 수 없을 것이다. 특히 얼굴 가득히 머금으시는 그 미소는 내 가슴 속에 영원히 남아 있을 것이다.

| 원암 김 창 석

5부

신앙의 첫 출발
가족 일괄 포덕
첫 수련을 마치고
멀리서 구하지 말고 나를 닦으라
하염없이 흐르는 눈물과 한없는 눈물
포덕(布德)
수심정기 진기심(守心正氣 眞氣心)
어머님께서 주신 눈물
도깨비 불
마음이 바뀌니 세상이 바뀐다

● ● ● 입도와 수도

22 〉〉〉 신앙의 첫 출발

양학(洋學)은 우리 도와 같은 듯하나 다름이 있고 비는 것 같으나 실지가 없느니라. 그러나 운인즉 하나요, 도인 즉 같으나 이치인 즉 아니니라. 우리 도는 무위이화(無爲而化)라. 그 마음을 지키고 그 기운을 바르게 하고 한울님 성품을 거느리고 한울님의 가르침을 받으면 자연한 가운데 화해나는 것이요, 서양 사람은 말에 차례가 없고 글에 순서가 없으며 도무지 한울님을 위하는 단서가 없고 다만 제 몸만을 위하여 빌 따름이라. 몸에는 기화지신이 없고 학에는 한울님의 가르침이 없으니 형식은 있으나 자취가 없고 생각하는 것 같지만 주문이 없는지라, 도는 허무한 데 가깝고 학은 한울님 위하는 것이 아니니, 어찌 다름이 없다고 하겠는가.
— 수운 최제우 대선생 『동경대전』 '논학문(論學文)' 중에서

나는 평안북도 구성군 이현면 진도동 참새골이라는 무지한 산골마을에서 아버지 조만경 씨와 어머니 김문채 씨 사이에 5남매 중 둘째 딸로 태어났다. 9세 되던 해부터 기독교를 믿기 시작하여 나중에 유년부를 지도하기도 하면서 19세까지 독실한 기독교인으로 신앙생활을 하였다. 그러던 중 나와 신앙이 너무도 다른, 천도교를 믿는 김동화 씨에게로 시집을 가게 되었다. 그때 나는 남편을 기필코 기독교인으로 만들겠다는 일념으로 결혼을 하였던 것이다.

시댁 식구들은 저녁 9시만 되면 청수(淸水)를 모시는 등 온 집안이 천도교에 열심이었다. 하지만 나는 개의치 않고 한 달을

보냈다. 그러던 어느 날이었다.

"신앙은 자유요, 기독교를 계속해도 좋으니 당신 마음대로 하시구려. 나는 기독교에 대해서는 잘 모르겠소만 한 가지 물어봅시다. 도대체 당신이 기독교를 믿는 목적이 무엇이오?"

이렇게 남편이 갑자기 묻는 것이었다.

"천당에 가는 것이 목적입니다."

"그러면 당신은 10년을 믿는 동안 몇 사람이나 천당과 지옥을 갔다고 생각하시오?"

"그걸 어찌 압니까. 죽어서 영원히 저 세상에 가서 오지 못하거늘 어찌 알 수 있습니까?"

"그러면 천당이 있는지 없는지도 알 수 없지 않겠소?"

그 말에 나는 깜짝 놀라 아무런 말도 하지 못하고 "참말로 천당이 있다는 것을 무엇으로 증명해 보일 수 있을까" 하고 고민을 했다.

남편은 껄껄 웃으면서 내 등을 토닥여 주셨다.

"걱정 말아요. 내가 정말로 천당과 지옥을 말해줄 것이니 내 얘기를 듣고 나서 기독교를 믿든지 천도교를 믿든지 당신 알아서 하시구려"

그러면서 천당은 딴 데 없고 다만 내 마음에서 구해야 하는 것으로, 우리 천도교를 믿는 사람은 천당도 내가 만들고 지옥도 내가 만드는 것이라고 했다. 내가 시부모님을 잘 받들고 남편을 한울같이 공경해서 온 집안이 화목하게 되면, 바로 여기가 내가 기쁘고 행복하게 살 수 있는 천당이라는 것이었다. 그러나 만일 이와 반대로 하게 되면 내 마음이 괴롭고 고통스럽기 때문에 바로 지옥이라는 것이었다.

"우리 천도교는 각자가 지상천국을 만드는 것이오. 신앙은 자유이니 당신 맘대로 하시구려."

그 후 남편의 이야기를 계속 들으면서 기독교에서는 접할 수 없었던, 그러나 분명히 말로 설명할 수 없는 그 무엇이 나를 강하게 사로잡는 것을 느꼈다.

이윽고 십 년을 믿어온 기독교 신앙을 하루아침에 미련 없이 떨쳐버리고 천도교를 믿기로 결심했다. 그 날로 나는 입교식을 갖고 내 자신이 직접 천당을 만들어가기 시작했다. 천지부모님을 극진히 공경하고 남편을 한울님같이 믿고 받들어 모시면서 21일 기도를 시작했다. 이처럼 청수를 모시고 수련에 정성을 다하던 중 14일 만에 대신사(大神師)님의 존영이 환하게 비치는 것을 중험했다. 나는 더욱 더 믿음을 굳게 하여 남편의 말을 완전히 믿고 몸소 행하면서 갖은 정성을 다 들였다.

그러자, 정말 남편의 말대로 나에게 천당이 다가오기 시작했다. 남편은 물론이고 시댁식구 전부가 나를 아껴주고 존경하여 받들어 주었다. 당시까지만 해도 여자들이 무시당하고 천대받던 때이라 나는 "정말 이것이 천당이로구나" 하고 절실히 깨달았다.

21일 간의 특별기도로 힘을 얻은 나는 자신 있게 포덕(布德)

에 나섰다. 물론 그 과정에서 많은 어려움이 뒤따랐던 것은 사실이지만 결국에는 기독교를 믿고 있던 나의 친정집안 60호를 천도교로 교화시켜 완전히 궁을촌(弓乙村)으로 만들었다.

| 천도교 가리산수도원 원장 隱誠堂 조동원 -

● ● ● 입도와 수도

23 >>> 가족 일괄 포덕
―동시 입교 조화

한 사람이 착해짐에 천하가 착해지고, 한 사람이 화해짐에 한 집안이 화(和)해지고, 한 집안이 화해짐에 한 나라가 화해짐에 천하가 같이 화하리니, 비 내리는 듯 하는 것을 누가 능히 막으리오.
― 해월 최시형 선생 법설 제 7장 '대인접물(待人接物)' 중에서

포덕 128년(1987년)이었다. 나의 종교에 대한 답사는 계속되고 있었다. 군대에서의 군종장교에 의한 일요예배(점호 면제용), 부활절 새벽예배 참석(외출, 바깥공기 마시기), 제대하고 은행근무 중 고객의 뒤를 따라가 본 청계산 아래 장막성전(지금은 서울대공원 호수가), 여호와의 증인 파이오니어와의 맞선(교리상의 문제로 결렬), 그리고, 중학교 시절 모임방에 달려갔다 들어본 통일교 교리, 고속버스에서 만난 몰몬교도로부터 경전 입수, 증산교, 원불교 등은 서적을 통해 섭렵하였다.

우리 집안은 전통적인 유교(특히 큰형님은 효도, 명당, 풍수, 선산, 문중사업, 묘역단장에 심혈을 기울임) 집안이었으나, 자연스럽게 생활 주변에서 불교를 접하였고, 때로는 성당에도 가 보았는데, 장엄한 의식과 경건한 분위기에 여성신도들이 머플

러를 쓰고 앉아 있는 모습은 무엇인가를 갈구하는 듯해 인상깊었다. 또한, 1983년에 불의의 사고를 당해 요양을 하면서 구로구 독산동에 있는 조그만 교회에 나가게 되었는데 목사일행이 방문하여 나의 건강 회복기도를 해 주었을 때는 나도 모르게 눈물이 앞을 가리기도 하였다. 거기서 집사 자격도 받았다.

　종교신문을 구독하던 중 어떤 이의 소개로 영성을 단련한다는 노인에게 가서 한방에 모여 수련을 받았는데 그 사람은 모든 이의 병을 치병할 수 있다고 하면서, 몇 개월 코스를 마치면 치병할 수 있는 자격증을 준다고 하면서 도복을 입고 가부좌하고 손으로 배를 두드리는 수련을 계속하였다. 그 사람이 받았다는 [진경]은 얇으면서도 간단한데 한글자도 바꾸지 말라고 언급이 되어 있었다. 나중에 논리를 전개해 보려고 분석해 보니 중언부언하고 체계가 없이 어떤 쓰임현상에 의해 임의대로 적은 것 같았다. 그러던 차에 무슨 신문에 나와 있는 동학사상강좌(김철 전 천도교 교령 주관) 광고를 보고 종로구 경운동 88번지에 있는 천도교 중앙총부 2층에 찾아가 동학사상강좌를 2기로 졸업하였다.

　강좌를 마치고 나니 우이동 소재 봉황각의 2층 벽돌집에서 박암 임운길 선생님의 지도로 1주일 수련을 하였다. 주로 21자 주문을 현송과 묵송을 반복하면서 간간히 교리 강의도 들었다. 나는 그 1주일 동안 천도교의 분위기에 깊이 젖어들었고 수련이 끝나고 난 다음 일요일 시일식에 어머니와 아내, 그리고 두 아들을 데리고 가서 가족이 함께 천도교에 정식 입교를 하였다.

그 후로 나는 집에 무슨 문제가 있을 때면 저녁 기도식을 해결 방법으로 활용하였는데, 특히 고부간의 갈등을 푸는 데는 많은 효과를 보았다. 온 가족이 마주 앉아 주문을 105회 묵송하고 좋은 경전 구절을 읽고 나면 자연스럽게 갈등이 풀어지는 것을 여러번 경험했던 것이다. 당시 집사람은 5형제의 넷째 며느리로 들어와서 신혼 때부터 시어머니를 계속 모시면서 보이지 않게 갈등을 빚었고, 나는 그럴 때마다 양쪽으로부터 불만을 듣게 되어 심적 스트레스가 이만저만 큰 것이 아니었다.

포덕 129년 1월 우이동 봉황각에서 어머니께서 당호(지의당)를 받은 기념으로 종로교구, 수유교구, 도봉교구 그리고 우리 가족(어머니 슬하에 손자들까지 전부 129명) 일부가 모여 잔치를 벌였다. 그 일을 계기로 우리 가정은 고부간의 갈등에서 완전히 벗어나게 되었으며, 아이들은 천도교 학생회에 가입하여 연극을 포함한 여타 활동에 적극 참여하기 시작했고, 심지어 내가 게으름을 피우면 오히려 집사람이 나를 교회로 이끌고 갈 정도가 되었다.

어머니는 20여년 간 넷째 며느리의 봉양을 받으시고 89세에 큰 고생하지 않으시고 하루 누워계시다가 1996년 4월 초에 주무시듯이 환원하셨다. 어머님 비석에는 지의당 '라은례'라고 기재되었으며, 족보에도 천도교 당호인 지의당으로 올려졌다. 어머니는 어렸을 때 외할아버지께서 시천교를 한 관계로 천도교의 주문을 입도하시자마자 바로 암송하셨다. 나는 어머니의

10남매 중 아홉 번째로 태어나서 어머니의 신앙을 말년에 되찾아드린 것을 가장 큰 보람으로 생각한다. 어머니의 주문을 녹음하여 제사날이면 가족이 함께 들으며 경전의 내용도 함께 가족들에게 어머니의 음성과 함께 들려주곤 한다.

　내가 신앙의 방황을 마치고 천도교에 정착한 뒤로 내수도는 사람이 엄청나게 바뀌었다고 하면서 친정 집안이 기독교 일색임에도 불구하고 당당하게 천도교를 믿고 아이들도 입교시키는 데 앞장섰다. 대학교 졸업반이 다 된 두 아들도 당당하게 천도교인으로서 살아가고 있다. 그러나 나는 아직 우리 형제들을 천도교로 끌어들이지 못하고 있다. 천도교 종로교구라는 작은 교구를 이끄는 교구장으로서 해야 할 역할이 많음에도 불구하고 정성을 다하지 못하는 점을 항상 마음속으로 송구스럽게 생각한다. 모든 것이 나의 부족한 믿음과 수도 때문이라 여기고 있다.

　하루가 다르게 변하는 세상인 만큼 사람들의 생각과 행동도 다양할 수밖에 없어 신앙통일이 그만큼 어려워지고 있다. 또 한편으론 물질만능의 시대에, 국가 사회적 혼란이 어느 때보다 심해지고 있는 이때에 한번 믿었던 신앙을 변함없이 지켜나가는 것도 결코 쉬운 일은 아닌 것 같다. 하지만, 나는 내가 직접 가족을 포덕시켰다는 자신감에, 그리고, 그런 가족들이 나를 신앙적으로 밀어주고 있다는 든든함에 더욱 정진하는 천도인이 되어야겠다는 다짐을 굳건히 해본다.

|연암 조 화 훈

●●● 입도와 수도

24 》》 첫 수련을 마치고

「저는 대한민국에 태어나 살면서 욕되이 인륜에 처하여 천지의 덮고 실어주는 은혜를 느끼며 일월이 비추어 주는 덕을 입었으나, 아직 참에 돌아가는 길을 깨닫지 못하고 오랫동안 고해에 잠기어 마음에 잊고 잃음이 많더니, 이제 이 성세(聖世)에 도를 선생께 깨달아 이전의 허물을 참회하고 일체의 선(善)에 따르기를 원하여, 길이 모셔 잊지 아니하고 도를 마음공부에 두어 거의 수련하는데 이르렀습니다. 이제 좋은 날에 도장을 깨끗이 하고 지극한 정성과 지극한 소원으로 받들어 청하오니 감응하옵소서」
— 수운 최제우 대선생 『동경대전』 '참회문(懺悔文)'

가평(加平)에서 화악리로 가는 버스를 갈아타고 울퉁불퉁한 비포장도로를 달리는 버스 안에서 나는 여러 가지 생각에 잠겼다. 올 여름 화악산 수도원에서 실시하는 수련회에 참석하기 위해 나는 외숙모님과 함께 수도원으로 가는 길이었다.

사실 나는 해마다 시어머님의 수련 권유를 핑계를 대고 미루어 왔다. 그래서 이번에도 집안에 무슨 조그마한 일이라도 있었으면 수련을 안 갈텐데 하는 생각을 했었다. 그만큼 마음이 내키지도 않았고, 그 동안 말로만 천도교를 믿어왔던 것이 사실이었다. 그러다가 이번에 처음으로 화악산 수도원에 가게 된 것이다. 종점에서 버스를 내려 수도원으로 가는 산길을 따라 올라갔다. 외숙모님과 동행인데도 개구리가 지나가기만 해도 무서운 생각이 들었다. 수도원은 주위환경이 너무나 좋았다.

다음 날 7월 21일부터 첫 수련이 시작되었다. 새벽 4시에 기상하여 몸과 마음을 가다듬고 5시 청수 기도식을 모시는 것을 시작으로 연성에 들어갔다. 그러나 첫 날은 다리만 몹시 아프고 집 생각, 아이들 생각 때문에 나를 이곳에 보낸 시어머님이 원망스럽기조차 했다. 연성이라는 것을 처음 해 보는 나에게는 견딜 수 없는 고통이었다. 나는 고통을 이기기 위해서라도 강사 선생님의 말씀에 따라 자세를 가다듬고 마음을 텅 비워 한울님 모심을 체험케 해달라고 극진히 심고를 하고 주문을 열심히 외웠다.

둘째 날이 되었다. 처음에는 다른 분들이 연성하는 모습이 이상하게 느껴졌던 나였는데 바로 그런 현상이 나에게도 나타났다. 이것은 이 세상에 태어나 처음 느껴본 체험이었다.

갑자기 몸에 전율 같은 것이 엄습하면서 가눌 길이 없었다. 그리고 나도 모르게 두 손은 나의 몸 구석구석을 마치 방망이질 하듯이 두드리고 있었다. 나중에 보니 퍼렇게 멍이 든 곳도 있었는데, 희안하게도 내 손이 닿았던 부위는 내가 평소에 몸앓이를 하던 곳이었다. 이것은 분명 한울님의 조화임에 틀림없다고 생각되었다. 그런데 이런 현상과 동시에 한없이 참회의 눈물을 흘리고 있는 나를 발견하게 되었다. 내가 지금까지 살면서 잘못했던 일들이 영상처럼 스쳐가면서 하나씩 가슴 속으로부터 깊은 참회가 들기 시작했다.

　나는 1987년 당시 결혼 8년째를 맞았다. 그 동안 시아버님이 환원하신 후 시어머님을 모시고 화목하게 살아왔는데 그 해 봄 이사할 무렵부터 마음 한 구석에서 시어머님과 따로 살고 싶다는 생각이 들 정도로 어딘가 마음이 불안하고 가정적으로 안정을 찾지 못하고 있었다. 한 때나마 내가 그런 생각을 했던데 대해서 그리고 시어머님을 불편하게 해 드린데 대해서 깊은 죄책감을 느끼게 되었다. 천덕송 시간에 이경화 여사가 '어머님 은혜' 라는 노래를 지도했다. 특히 2절 가사 중에 '어려선 안고 업고 길러 주시고 자라선 문 기대어 기다리는 마음' 이라는 노랫말을 부를 땐 스스로 감정에 북받쳐 주체할 수 없었다. 이 노래를 초등학교 시절에 배웠으나 그 때는 아무런 느낌이 없었다. 그러나 두 아이의 엄마가 된 지금에야 이 노래를 부르며 친정 부모님과 시어머님 생각에 목이 메는 것은 한울님이 나에게 그동안의 잘못을 깨우쳐 주시고 앞으로 보다 정성을 다해 효도하라는 가르침인 것 같았다.

　비록 짧은 닷새 동안의 수련이었으나 그 동안 나는 강령을 체험하고 영부를 받았다. 그것이 확실히 영부인지는 모르겠으나 함께 계신 어르신들 말씀이 영부라 했다. 그래서 나는 그동안 말로만 듣던 시천주(侍天主)의 신앙과 진리를 어렴풋이나마 체험으로 터득할 수 있었다는 것을 매우 소중하게 생각한다. 그리고 천도교에서 말하는 지상천국이 무엇인지를 이해하지 못하고 있었는데, 내가 모든 잘못을 스스로 뉘우쳐 내 마음이 편안해지고 내 가정이 화목해지는 것이야말로 나에게 있어 지상천국이 된다는 것을 알게 되었다. 따라서 나는 앞으로 며느리로서, 아내로서, 엄마로서 보다 충실한 삶을 살기 위해 더욱 더 많은 노력을 해야겠다는 생각이 솟구쳤다.

 수련을 마치고 내려오던 날 무엇인가 아쉽고 서운함을 떨쳐 버리지 못한 채 자꾸만 수도원을 되돌아보게 되었다. 외숙모님과 함께 내려오는 하산 길에서 시냇물과 온갖 나무, 새, 나비, 돌들이 그리고 첫 날 무섭게 느껴졌던 개구리까지 우리 두 사람을 기쁘게 배웅하는 것 같았다. 뿐만 아니라 짙푸른 화악산이 그렇게 싱싱하고 아름답고 환하게 보일 수가 없었다. 전에는 미처 몰랐던 새로운 세계를 보는 것 같아 주문을 외우며 내려오는 발걸음이 흡사 구름 위를 걸어가듯 가볍게만 느껴졌다.

| 남 성 숙

● ● ● 입도와 수도

25》》 멀리서 구하지 말고 나를 닦으라

마음을 닦아야 덕을 알고, 덕을 오직 밝히는 것이 도니라. 덕에 있고 사람에 있는 것이 아니요, 믿음에 있고 공부에 있는 것이 아니요, 가까운데 있고 멀리 있는 것이 아니요, 정성에 있고 구하는데 있는 것이 아니니 그렇지 않은 듯 하나 그러하고 먼듯 하나 멀지 아니하니라.
— 수운 최제우 대선생 『동경대전』 '탄도유심급(歎道儒心急)' 중에서

1998년에 수련이 무엇인지 도(道)가 무엇인지 전혀 몰랐던 저는 수도원에 대한 동경심으로 가리산수도원에 첫발을 내디뎠습니다. 첫 수련에서 얻은 한울님 말씀은 "멀리 구하지 말고 나를 닦으라.", "사근취원하단 말가, 오직 마음에서 구하라."는 말씀이었습니다. 지금껏 살아오면서 내내 이 말씀은 항상 저의 공부의 화두로 자리 잡고 있습니다. 이 말씀은 아마도 진리를 구할 때 가깝게는 자신의 몸 안에서 구하고, 멀리는 사물과 우주 현상에서 구한다는 뜻일 것입니다. 오직 마음에서 구하라는 한울님 말씀, 어떻게 해야 마음에서 구할 수 있을는지? 먼저 마음이 어떻게 생겼는지? 마음자리를 먼저 알아야 했습니다.

나는 원래 무체(성령)로 있다가 부모님을 통해서 몸(육체)을 얻고 태어났습니다. 태어날 때 한울님께서 마음씨를 주셨습니다. 한울님께서 처음 마음을 주실 때는 한울님 마음 그대로였지만 차츰 자라면서 물정심이 생기고 그리하여 미워하는 마음이 생기고 시기하는 마음이 생겨 원래의 한울마음을 차츰 잃어가고 있었습니다. 갈수록 세상을 원망하는 마음만 늘어나게 되고, 마침내 이기적인 습관된 마음으로 인하여 성품도 본래의 한울 성품에 벗어나 내 마음대로 화를 내어 한울사람으로 크게 벗어나게 되었습니다. 즉 마음을 오래도록 잘못 쓰면 성품도 변한다는 것을 알았습니다.

주문공부를 하면서 내 마음을 들여다보기 시작했습니다. 수도원에서 대강령이 왔습니다. 주체할 수 없을 만큼 큰 떨림이 왔습니다. 그러나 눈을 뜨지 않았습니다. 그대로 정신수습을 하고 자리를 바로 하고 주문을 읽고 있는데 순간 혼란이 왔습니다. 수도생들 자리가 모두 바뀌어져 있었습니다. 분명 내 오른쪽에 남자분이시고 왼쪽이 여자분이셨는데 내 앞에서 주문 읽는 소리는 분명 남자분이셨고 내 뒤 쪽에 여자분이셨습니다. 저는 순간 고민을 했습니다. 왜 이분들이 자리를 바꾸어 앉으셨는지, 그러나 수련을 모두 마친 후 눈을 뜨니 모든 수도생들 자리는 그대로인데 내가 앉은 방향이 뒤바뀌어져 있었던 것이었습니다. 순간 한울님께 너무 부끄러웠습니다.

내가 뒤바뀌어 앉은 줄도 모르고 옆 사람들이 자리를 바꾸어 앉았다고 생각했으니' 세상은 그대로인데 네 마음이 비뚤어져서 세상을 원망하고 사람을 원망했다는 것을 한울님께서 말씀해 주시는 것 같았습니다. 내 마음이 어떠했는지 내 마음을 똑똑히 보았습니다. 그러자 눈에서는 반성의 눈물이 코 안에서는 갑자기 큰 덩어리가 흘러내렸습니다. 그때까지 코로 숨을 못 쉴 만큼 축농증으로 고생을 했는데 그 나쁜 염증이 쑤~욱! 빠졌던 것이었습니다. 이후로는 한 번도 코막힘으로 고생한 적이 없습니다. 아마 마음으로 병이 온다는 스승님 말씀이 맞나 봅니다. 마음을 바로 알고 깨달으니 병도 같이 없어졌습니다. 마음 그릇을 키우려면 마음의 시련이 많이 생기나 봅니다.

　대장간에 그릇을 크게 만들려면 담금질을 많이 하듯이 한울님께서도 한울사람으로 키우기 위해서는 고통과 시련을 많이 주시나 봅니다. 아무리 마음공부를 많이 해도 한번 화를 내면 마음공부 모두가 헛일이라는 것을 알게 되었습니다. 나는 내가 참지 못하는 가장 예민한 아킬레스건이 무엇일까를 생각했습니다. 아무리 마음을 착하게 잘 써도 화를 내면 마음도 몸도 망가지니 성품을 잘 다스려야만 마음도 몸도 편안할 수 있다는 것을 깨달았습니다.

　수도원에서 있었던 일입니다. 수련을 하는데 누군가 방귀를 크게 뀌었습니다. 문제는 모두가 내 자리에서 소리가 났다고 하길래 마음이 좀 불편했지만 웃으며 변명을 하지 않았습니다. 그리고 밖으로 나갔는데 갑자기 한 남자분께서 큰소리로 외칩니다. 역시 나보고 범인이라고. 그래도 참았습니다. 굳이 변명을 하고 싶지 않았기에, 그런데 한번만 그러는게 아니고 자꾸만 저를 놀리더군요. 그래서 "그쪽에서 그렇게 생각하면 그런 것이고 아니라고 하면 아닌 것이니 맘대로 생각하세요." 제 얼굴은 이미 굳어졌기에 선생님이란 호칭을 쓰지 않고 깍쟁이처럼 말했습니다. 어쩌겠습니까? 날아가 버린 방귀를 시비한들. 옛날 같으면 어림도 없었답니다. 물론 시비를 확실하게 따지지요. 그리고 이튿날 이불을 개는데 저는 이 이불 저 이불을 옮겼습니다.

그런데 하필이면 제가 옮긴 이불에 큰 지도가 그려져 있었습니다. 이불을 정리하시던 사모님께서 "누가 이런 지도를 그려놓았나? 양심도 없이 쯧쯧!" 저를 나무라면서 바라보던 그 원망의 눈빛, 그래도 참았습니다. 역시 옛날 같으면 어림없지요. 바로 바른 말하고 옷이라도 벗어서 시비를 가리지만, 역시 참았습니다. 수련을 하면서 한울님께 고했습니다. 내게 똥바가지를 둘러씌워도 그냥 웃겠습니다. 몸은 한번 목욕하면 깨끗해지지만 한번 화를 내면 한울님을 상하게 하니 그보다 더 큰 죄가 어디 있겠습니까? 다행이 마지막 날 조동원 원장님께서 이불 사건은 우연히 해명해 주셨습니다. 아마도 그 사모님과 저의 마음공부, 성품공부였으리라 생각합니다.

집으로 오기 위해 짐을 정리하던 중 누군가 제 수건에 똥칠을 잔뜩해 놓았습니다. 순간 망설임이 왔습니다. 쓰레기통에 버릴까 하다가 비닐에 여러 겹 싸서 집에 가져왔습니다. 그리고 세제 종류 몽땅 넣어서 푹푹 삶았습니다. 오히려 처음보다 더 깨끗해졌습니다. 한울님께서 또 말씀을 하십니다. "새 마음 새 성품으로 거듭나라." 제 성품의 아킬레스건은 누군가가 나에게 뒤집어 씌우는 것을 참지 못하는 것이었습니다. 이제 잘못된 내 성품을 보았으니 뒤집어 쓰는 것을 낙으로 알게 되면 도를 통할 거라 생각했습니다. 그 전에는 마음도 괴롭고 성품도 편안하지 못하니 자연 몸도 아픈 데가 많았습니다. 오직 마음에서 구하라는 한울님 스승님 말씀을 이제는 조금 알 것 같습니다. 마음공부를 하게 되면 내 마음을 알게 되고, 오랫동안 마음 공부하여 좋은 마음으로 습관화하게 되면 마음 속에 굳어진 성품도 자연히 없어지고, 새 한울 성품으로 거듭나 마음도 몸도 자연 안락하고 무병하게 될 것이라는 생각을 합니다.

"멀리 구하지 말고 나를 닦으라.", "사근취원하단 말가 오직 마음에서 구하라."는 한울님 말씀을 마음에 다시 한 번 새기면서 한울 법도에 어긋나지 않도록 다짐을 해 봅니다.

| 박 영 화

| 우리아이 수도원에서 절을 배운다 |

천심
으로 동귀일체(한마음)되어 즐겁습니다.

● ● ● 입도와 수도

26〉〉〉 하염없이 흐르는 눈물과 한없는 기쁨
―도를 닦는 즐거움

허물을 뉘우친 사람은 욕심이 석숭의 재물도 탐내지 아니하고, 정성이 지극한 아이는 다시 사광의 총명도 부러워하지 않더라
― 수운 최제우 선생 『동경대전』 '수덕문(修德文)' 중에서

고등학교 3년을 마치던 해, 졸업 전 방학, 나는 고향인 부안군 줄포면 선양마을 정들었던 집에 돌아갔다. 마음에 시름을 가득 안은 채, 대학진학을 포기해 버렸기 때문이다. 우선 학비가 없었다. 그리고 세상은 학교 공부만해서 바꿀 수 있을 것 같지도 않았다. 그렇다고 뚜렷한 길이 보이는 것도 아니었다. 막막하기만 했다. 무슨 직업을 가져야 하는 것일까? 그리고 집안을 어떻게 도와야 할 것인가? 그리고 참다운 도는 어떻게 얻을 수 있는 것일까? 고민에 고민을 거듭하고 있었다.

그러다가 1975년(포덕 116년) 2월 어느 날 아버님이 고민하던 나에게 부안군 상서에 있는 호암수도원에 일주일만 같이 가

서 수련을 하자고 하셨다. 나는 답답했던 차라 흔쾌히 따라 나섰다. 수도원에 들어서니 20~30여 명이 수도를 하고 계셨다. 호남지역 궁을회가 주최하는 21일간 독공(篤工)의 15일째가 되는 날이었다. 저녁 9시 기도식 때 옥색 한복을 입으신 점잖으면서도 맑은 기운이 흐르는 분을 보았다. 순간 생각했다.

"저분이 내게 어떤 가르침을 주신다면…"

그 다음 날부터 "지기금지 원위대강…" 끊임없이 소리내어 무슨 뜻인지도 잘 모르면서 주문을 외웠다. 살짝 뜬눈에 아버님의 정좌하신 모습이 당당하게 보였다. 눈물이 흐르기 시작했다.

"아버님과 내가 왜 이런 고달픈 수련을 해야만 하는가?"

소리 없이 흐르는 눈물은 강이 되어 가슴을 적셨다. 그러다가 문득 일본군과 관군의 총칼에 붉은 피를 흘리며 쓰러져 하얀 옷에 죽창을 든 선열들의 모습이 떠올랐다. 아픔과 늙음과 죽음의 고통 속에 신음하는 사람과 짐승들이 이리 저리 헤매는 모습도 스치고 지나갔다. 배고픔에 허덕이는 사람들이 산으로 들로 풀뿌리를 캐먹는 모습도 안타깝게 떠오르곤 했다. 전쟁터에서 서로 죽이고 죽는 모습도 살벌하게 지나갔다. 한없이 흐르는 눈물…. 한없이 흐르는 참회의 눈물.

"시천주 조화정 영세불망 만사지…. "

계속 반복해서 암송을 하기 시작했다. 미워했던 사람, 좋아했던 아가씨, 출세욕, 명예욕, 권력욕, 부자가 되고픈 욕심…. 내 몸과 마음은 거대한 욕망의 덩어리처럼 느껴졌다. 나는 한 조각

한 조각 조각칼로 조각을 하듯 욕망의 덩어리를 베어내기 시작했다. 며칠이 그렇게 흘러갔다. 멍한 사람이 되어 버렸다. 아무런 생각이 나지 않았다. 그리고는 마음 깊은 속에서 까닭 모를 즐거움이 희망의 샘물처럼 가느다랗게 솟아 나오기 시작했다. 늦겨울 초봄의 하늘에 떠다니는 하얀 구름은 빛나고 포근했다. 맑고 밝은 태양 빛이 파아란 하늘에서 맑고 밝게 빛나고 있었다. 내 마음은 파아란 하늘같기도 하고, 햇빛 같기도 하고, 흰 구름 같기도 했다.

수련을 마치는 날 아침, 나는 개울에 나가 얼음을 깨고 세수를 했다. 시리도록 찬 맑은 개울물이 내 마음 같았다. 시원했다. 웃음이 나왔다. 가슴 깊은 곳에서부터 웃음이 나오고 있었다. 수도장 안으로 돌아오니 서로 막걸리를 한 잔씩 돌리며 소감을 나누고 있었다. 나는 아버님 곁에서 막걸리 한 주발을 들이켰다. 기쁨이 넘쳤다. 그 때 수도원에 들어온 날 저녁 9시 기도식에서 뵈었던 분이 다가왔다.

"아버님 말씀 잘 듣게. 나 판술이의 말은 틀림없네. 뜻이 다 이루어질 테니 두고 보게…."

나는 몇 년 후 호암수도원에 갈 기회가 있어 그분의 인적을 알아보았다. 그 분은 평범한 농부였으나 수련을 열심히 할 때는 심고(心告)로서 병을 고친 적도 있는 성실한 분이라고 했다.

| 최 동 환

| 우리아이 수도원에서 절을 배운다 |

레크레이션
시간에 절 을 하며, 시천주를 체험합니다.

● ● ● 입도와 수도

27〉〉〉 포덕(布德)

> 원각성(圓覺性)은 만법(萬法)으로 인과(因果)를 삼아 함이 없이 되는 것이므로, 마음을 지키고 성품을 단련하는 사람은 법체의 인과를 얻지 못하면 좋은 성과를 얻기 어렵고, 비각성(比覺性)은 만상(萬相)으로서 인과를 삼아 나타남이 있으나 헤아림이 없는 것이니, 마음을 닦고 성품을 보려는 사람이 만일 바르게 보고 생각하여 헤아리지 않으면 진경을 얻지 못할 것이요, 혈각성(血覺性)은 화복(禍福)으로 인과를 삼아 선도 있고 악도 있어 수시로 서로 보는 것이니, 선을 위하여 세상의 성과를 얻으려는 사람은 좋고 좋은 화두를 가려야 할지어다.
> — 의암 손병희 선생 『무체법경(無體法經)』 '삼성과(三性科)' 중에서

수도하는 과정에서 한울님 모심을 증험(證驗)해야만 한울님의 능력을 대행할 수 있다. 한울님은 말로 형상할 수도, 무엇이라고 증명할 수도 없다. 그러나 우리가 한울님을 모셨음은 분명히 깨달을 수 있다. 물정심(物情心)을 버리고 사사로운 욕심을 버리면 내 마음이 한울님 마음과 하나가 되어 강화(降話)를 받고 무아지경의 단계에 이르게 된다. 또 이러한 상태가 지속되면 천안통(天眼通), 천이통(天耳通), 숙명통(宿命通)의 신통력을 체험하기도 하며 수심정기(守心正氣)의 상태에 이르게 된다.

포덕(布德)은 이처럼 한울님 말씀을 듣는 강화 단계를 거쳐 다른 사람의 마음속 인과를 헤아릴 수 있는 타심통(他心通)의

경지 이상에 이를 때라야 가능하다. 2005년 2월 5일 부산의 어느 4형제(당시 71세, 62세, 58세, 51세)와 그의 부인들 4명, 아들 딸 6명 전부 14명을 포덕한 일이 있었는데, 그 4형제는 모두 귀가 들리지 않는 귀머거리였다. 그런데, 그 부인들은 정상이었음에도 그 자식들까지 귀가 들리지 않는지라, 내가 스스로 그 원인이 어디에 있을까 헤아려 보니, 선대(先代)의 인과(因果)에 의한 것이라는 것을 알게 되었다.

　당시 나는 마음이 한울님의 맑고 신령한 영성과 하나로 작용하게 되면서 남의 인과를 헤아릴 수 있었던 것이다. 한울님께 심고를 드리고 헤아려보니 4형제의 아버지가 부인을 잃고 재취(再娶) 즉 계모를 맞이하였는데, 그 때 본실 부인에게서 낳은 4살 아이가 있었다. 그런데, 그 계모가 아이를 심하게 학대하자 죽게 되었으며, 죽은 그 아이가 원한을 갖게 되어 계모에게서 난 아들 4형제들에게 영적 파장을 끼쳐 모두 귀머거리가 되게 하였던 것이다. 그리고, 그 아들 4형제에서 난 손자들까지 모두 귀머거리가 되었던 것이다. 그 인과를 자세히 이야기하자, 집안 사람들 모두 나를 경외(敬畏)하며 나의 지도에 따라 입도를 한 뒤, 그 아들 4형제가 어려서 죽은 이복형을 위해 어머니를 대신해 참회하고 성령출세의 의식을 봉행하였다.

　돌아가신 조상의 성령은 영원히 자손들과 함께 살아간다. 그리고 그 조상의 염력(念力)이 자손에게 전해진다. 인과가 조상의 혈통과 유전인자로 지어지는 경우가 있고, 이처럼 영적 파장으로 전해지는 경우도 있다. 만약 보이지 않는 것을 다 미신(迷信)이라고 한다면 한울님을 미신(迷信)이라고 해도 할 말이 없을 것이다.

나쁜 인과를 없애기 위해서는 한울님과 화해져 하나가 되어야 한다. 우리는 한울님을 염념불망(念念不忘)해야 한다. 그래서 한울님과 지극히 하나가 되어야 한다. 한울 사람이 될 때 인과(因果)를 벗어날 수 있다. 그러기 위해서는 주문(呪文)을 항상 염념불망(念念不忘)해야 한다. 마음공부가 곧 한울님 마음을 회복하는 길이다. 한울님 마음을 회복할 때 집안에 우환이 없어지게 되고, 영부(靈符)도 받아 집안사람들의 질병을 치료할 수 있다. 한울님 심법을 실천하는 길이 바로 도이고 덕이다.

| 명동산 수도원장 이　소　원

| 우리아이 수도원에서 절을 배운다 |

레크레이션
시간에 경물(물물천)을 배웁니다.

● ● ● 입도와 수도

28》》수심정기 진기심(守心正氣 眞氣心)

내가 독실히 공부할 때에 억수같이 내리는 비 가운데서도 옷과 두건이 젖지 아니하였으며, 능리 구십리 밖에 있는 사람을 보았으며, 또 능히 바르지 못한 기운을 그치었으며 조화를 썼으나 지금은 조금도 돌아보지 않고 끊었노라. 원래 이것들은 다 작은 일이요. 결코 대도의 바른 도리가 아니니라.
— 해월 최시형 선생 법설, 제 37장 '기타(其他)'편 중에서

수련이 없는 신앙은 한 마디로 사상누각(砂上樓閣)과 같아서 언제 어떤 기회에 허물어질지 자기 자신도 예측하기 어려운 것이다. 그래서 수도하는 동덕들에게 약간의 도움이라도 되었으면 하는 마음에서 아주 오래 전 수련 체험담을 소개할까 한다.

제가 항상 수련을 해 보았으면 하는 생각을 갖고 기회를 찾던 중 이기공부(理氣工夫)를 한다는 사람의 꼬임에 빠져 49일 간 허비하고 나서 다시 정신을 차려 천도교 주문 3 · 7자 공부를 한 일이 있었다. 그 당시 상황에서 저는 주변에 지도자가 없었고 사교(邪敎)에 물든 분들이 많았을 뿐 아니라 저 또한 허황된 마음과 정신 상태를 가지고 도통을 해보겠다는 일념으로 수련에

임했던 것이다. 그래서 토굴 속에서 21일 간의 기도를 시작했는데, 이 시기가 무더운 여름이었다. 전에는 49일 동안의 수련 때만 해도 기도를 시작하기 전에 제물을 차려놓고 천제(天祭)와 산제(山祭)에 각각 별도로 지내는 오류를 범했었다.

그런데 어느 날 무심결에 「천도교 창건사(天道敎創建史)」를 펼치니까 해월신사 법설 중에 '지금 세속에서 말하는 성황, 제석, 성주, 토왕, 산신, 수신, 석신, 목신 등 음사는 붓으로 모두 기록하기 어려운 것이니라. 이것은 한무제 때에 무당이 하던 여풍이 지금까지 개혁치 못하고 마음에 물들어 고질이 되었으니 다만 어리석은 사람들의 병근을 고치기 어려울 뿐 아니라 썩고 속된 선비들도 깊게 병들어 습관과 풍속을 이루었으니 한심한 일이라 아니 할 수 없나니라' 는 구절을 보고 마음에 느낀 바가 있어 청수 한 그릇만을 떠 놓고 심고 드리고 기도를 시작했다.

처음 심고 드릴 때는 잠을 자지 않고 기도를 하리라 맹세를 했건만 며칠이 못 가서 잠이 엄습해 오기 시작하는데 도통이 무엇이고 잠을 자야겠다는 생각뿐이었다. 그래서 그 자리에 쓰러져 잠이 들까말까 하는 사이에 토굴 속 천정에서 모래알이 쏟아지며 가슴 속에서 방망이 같은 것이 치미는데 깜짝 놀라 깨어 주문을 계속 외워보았으나 얼마 가지 못하고 또 잠에 취하고 전과 같은 현상이 반복되었다. 그러다가 세 번하고 네 번째는 아무 간섭 없이 잠을 자고 눈을 뜨니 날이 밝았다.

이럭저럭 17일 간을 맞이하는 날 아침에 식사를 마치고 주문

공부에 열중하고 있을 때였다. 갑자기 몸이 공중에 떠오르는 기분이 되더니 공중에서 '수심정기 진기심(守心正氣 眞氣心)'이라는 소리가 들리며 토굴 안 사방 벽에도 역시 '수심정기 진기심(守心正氣 眞氣心)'이라고 쓴 종이가 붙어 있는 것이 보였다. 또한 제 앞에는 한지 한 장이 놓여 있었는데 손에는 참나무 숯 한 덩이가 쥐어져 있어 그 종이 위에 큰 글씨로 '수심정기 진기심(守心正氣 眞氣心)'이라고 직접 써 보였다.

그런데 눈을 뜨면 아무 것도 보이지 않고 소리도 들리지 않았다. 그러나 눈을 감고 주문만 외우고자 하면 소리가 들리고 글자가 뚜렷이 보이는 현상이 계속 되니 주문 공부를 더 이상 계속 할 수가 없게 되었다. 제가 글의 뜻이 무엇인가 생각도 하지 않고 도통을 하겠다는 엉뚱한 생각으로 애를 쓰는데 어디선가 '수심정기 진기심(守心正氣 眞氣心)이야' 하는 소리가 들려왔다. 마음 속으로는 불만이었으나 21일 기도가 며칠 남지 않았으니 마치고 보리라 마음 먹고 기도를 모두 무사히 마쳤다. 그러나 그 소리는 계속 들렸고 눈만 감으면 그 글이 뚜렷이 보였다.

그 후 '수심정기 진기심(守心正氣 眞氣心)'은 무엇을 뜻하는 것인지 곰곰이 생각하니 처음에 도통이 되면 풍운조화를 부리고 무엇이든지 마음 먹은 대로 된다는 허황된 생각에서 수련을 시작했기 때문에 한울님께서 이와 같은 저의 잘못된 생각을 깨우치게 하시고자 올바른 교훈의 말씀을 내려주신 것임을 알게 되었다.

수도하는 목적이 우리 모두가 한울님 마음을 회복하자는 것인데 제 자신이 허황된 것을 구하니 무엇을 나에게 주겠는가. '올바로 수도하면 수심정기(守心正氣)가 되고 수심정기가 되면 그 자리가 바로 진기심(眞氣心)이다' 는 이 교훈으로 인하여 그 후부터는 허황된 생각을 버리고 수도에 임하게 되었는 바 대신사(수운 최제우)께서 논학문(論學文) 중에 '신다전한(身多戰寒)하여 외유접령지기(外有接靈之氣)하고 내유강화지교(內有降話之敎)하되 시지불견(視之不見)이요, 청지불문(聽之不聞)'이라는 글귀가 떠오르게 되었다. 그러므로 우리는 수도를 통해서 대도견성에 이를 수 있도록 기원해야 할 것이다.

| 이 동 근

● ● ● 입도와 수도

29 》》》 어머님께서 주신 눈물

사람은 바로 한울 덩어리요, 한울은 바로 만물의 정기이니라.
— 해월 최시형 선생 법설, 제 4장 '천지인 · 귀신 · 음양(天地人 · 鬼神 · 陰陽)' 중에서

어린 시절 산으로 들로 뛰어다니면서 마냥 동무들이 좋았다. 교육의 힘으로 너와 내가 다름을 알고 경쟁에서 이기는 법을 배우면서 상처와 눈물로서 승리의 기쁨을 자랑하는 동무들의 뒷전에서 알 수 없는 질문을 하는 버릇이 생겼다. 인생에 뚜렷한 해답이 있으면 오죽이나 좋겠는가? 하지만, 나는 어디에서 왔으며, 왜 여기에 있는가, 그리고 나는 어디로 가는가, 세상은 어떻게 생겨졌으며 만물은 어떻게 생겨졌는가?, 완전한 자유는 어떤 상태인가? 그리고 실현 가능한 일인가? 경쟁적 삶의 형태로서 인류는 이 땅위에 평화로운 세상을 건설할 수 있는가? 등등의 질문은 나의 마음을 언제나 물결치게 했다.

직장은 없고 도시를 배회하다 때로는 술에 찌들어 아침 햇살에 눈이 부시면 그늘로 몸을 피하던 어느 날 수련이나 해보자 하고 찾아간 곳 이 천도교 화악산 수도원! 수련이라는 것이 다리를 꼬고 앉아서 주문을 소리 내어 하는 현송과 마음속으로 주문을 외우는 묵송으로 하루 9시간 이상 하는데 우선 앉아 있는 자체가 가장 큰 고통이었고 참기 어려운 일이었다. 너희가 바로 한울이니 멀리서 구하지 말고 너의 마음에서 찾으라고 하신 스승님 말씀에 마음 속 여행을 시작하면서 아픔을 참을 수 있었다. 내 마음속에 시기하는 마음, 비교하는 마음, 지독하게 고약하고, 어둡고, 밉살스러운 마음들이 곳곳에서 세상과 하늘을 덮고 있는 것을 발견할 수 있었다.

'나'라고 믿었던 '내'가 그간 살아오면서 익혔던 지식과 경험, 각종 정보로 굳어진 의식, 몸에서 일어나는 욕심, 욕망 그리고 아집들의 군상(群像)이라는 것을 알게 되었다. '내'가 한 때 조건 지어져 있다가 흩어져 없어질 존재라는 것을 알고부터, 벼랑에서 줄 하나에 매달려 의지하다가 놓아버린 것 같이 두렵고 허전하고 삶에 의미를 잃어버린 미아가 되었다. 내가 왜 이러지 하면서도, 열심히 살아가는 사람들 모습이 아무런 의미도 느껴지지 않고, 일을 하고 식사 시간에 밥을 먹으려고 줄을 서서 기다리는 모습을 보면서 뜻 없는 눈물이 하염없이 흘러 내렸다. 주문만 하면, 시도 때도 없이 눈물이 났다.

눈물을 흘리면서 생각하기를, 이 눈물은 어머님이 이 마음 더

러우면 한울 가는 길을 잃어버릴까 걱정하시어 때 묻은 내 마음 씻어라 고이 주신 선물이구나 하는 생각이 들면서 울고 또 울었다. 지나간 세월 속에 있었던 아픈 기억, 가슴 속에 쌓였던 서러운 생각들로 울다가 나중에는 세상 모든 것이 그리움이 되어 울고 또 울었다. 그리고 도덕과 윤리가 무너진 병든 세상을 구하고 사람을 질병에서 구하시려고 목숨을 바치신 스승님들의 은혜와 선배동덕님들의 처절한 죽음을 생각하면서 통곡하였다. 하염없는 눈물은 내 마음과 가슴을 시원하게 풀어주고 씻어 주었다.

약 3년 가까이 이러한 현상이 계속 되었다. 눈물은 나라고 믿었던 집착으로부터 벗어날 수 있는 지혜와 힘, 그리고 한울에 진리를 선물로 주었다. 어느 듯 몸과 마음에 변화가 왔다. 바다가 어제의 바다가 아니고 하늘이 어제의 하늘이 아니었다. 그리고 세상이 어제의 세상이 아니었다. '나'라고 잡혀있던 나를 놓을 수 있다는 것은 바로 한울을 얻는 것이었다. 모든 것이 새롭게 변하였다. 아! 후천개벽 세상이 이러한 것인가? 하늘 속에 있는 아름다운 지구가 자연스럽게 헤아려진다. 지구에서 하늘로 날아간 사람이 보내는 생생한 사실들을 보고 들으면서, 아! 여기가 하늘이고, 내가 하늘에 살고 있는 하늘 사람이구나!

하늘에 있는 나라, '천국' 하늘나라에 사는 사람, '천국 인(人)', 지구가 하나이고 세계가 하나, 인류가 하나라는 사실이 느껴지면서 온 몸이 사라져 버리고 의식으로 세상을 바라보고 한울을 만난다. 하나인 세계와 인류와 하늘, 이 세상 모든 것은 하나의 생명, 무궁한 '한울 생명'인 것을 알았다. 당신께서 바로 한울의 주인이라는 사실을 알았습니다.

| 수암 김 희 수

● ● ● 입도와 수도

30》》》 도깨비 불

마음이 흰 것을 구하고자 하면 흰 것으로 보이고, 붉은 것을 구하면 붉은 것으로 보이고, 푸른 것을 구하면 푸른 것으로 보이고, 노란 것을 구하면 노란 것으로 보이고, 검은 것을 구하면 검은 것으로 보이느니라. 이로써 미루어 생각하면 도를 구하는 사람이 또한 삼가지 않을 수 없으니, 구하는 사람이 구하기를 바르게 하면 보이는 것도 또한 바르고, 구하기를 그릇되게 하면 보이는 것도 그릇되게 보이느니라.
— 의암 손병희 선생 『무체법경(無體法經)』'신통고(神通考)' 중에서

송월리 이영기 청산장 집에는 방이 셋이 있었는데, 큰방은 청산장과 백운당 김성녀 사모님이, 별채 방은 호산 선생님이, 나머지 한 방에서는 박명길 아저씨가 주무셨다. 때문에 내가 송월리에 간 날이면 늦게라도 송월리에서 수성리 집까지 걸어와야만 했다. 송월리에 다니면서부터 마음공부를 하기 시작해서 하루하루가 다르게 변모해서 몸은 우주강산이 된 것 같고, 마음은 청풍명월이 된 듯한 느낌이 들었다.

어느 날도 늦은 밤, 국정마을(정읍군 이평면) 수리조합 길을 따라 주문을 외우며 집에 오는데 멀리서 반짝 반짝 빛나는 불빛이 보였다. 사람들은 그 때 그 불빛을 도깨비불이라 했고, 또는

수리조합의 대형 수로(水路)에 많은 사람들이 빠져 죽었기 때문에 그 죽은 사람의 혼령이 돌아다니는 것이라 하기도 했다. 그래서인지 인근 마을 사람들은 밤늦게 돌아다니는 것을 삼갔다. 하지만 나는 주문의 뜻이 무엇인지, 신앙이 무엇인지도 제대로 모르면서도 마음은 막힘이 없는 천심(天心)이라, 어느 무엇에도 두려움을 느끼지 못했다.

나는 궁금증이 동했다. 저 반짝 반짝하는 것이 무엇일까? 왜 저걸 도깨비불이라고 하지? 이런 생각을 하면서 도대체 무엇이 반짝이고 있는지 수로 곳곳을 한참을 뒤졌다. 아하! 이걸 보고 사람들은 도깨비불이라고 했구나! 그것은 다름 아닌 백사금파리(흰 사기그릇의 깨진 조각)였던 것이다. 많은 사람들이 잘못 보고 전해들은 것이 장애가 되어 그 물체를 제대로 인식하지 못했던 것이다.

나는 깨달았다. 이처럼 그릇된 선입관념 때문에 사물이나 사람을 대하면서 우리는 얼마나 많은 실수를 하면서 일을 그르치게 되는가를. 단지 남에게 들은 풍월 하나로 사물이나 사람을 판단하기 때문이라는 것을.

그런 마음을 간직해서인지 하루는 백운당(白雲堂) 어머니 - 김성녀 사모님을 우리는 그때 통칭 어머니라 불렀다 - 가 나를 보면서 "거룡리에서 사람 하나 들어왔네."라고 하시는 것이 아닌가? 하도 궁금해서 그렇게 말한 연유를 물으니, 백운당 어머니가 빙그레 웃으시면서 "글쎄, 내가 현기[玄機(수도자가 마음의 눈으로 사물의 본질을 꿰뚫어 보는 일)]로 깨끗한 집 한 채가 마련되어 있고 거기에 자네가 들어오는 것을 보았네. 이것은 분명 스승님들의 뜻을 이어 천도 일을 할 사람을 강화[降話(한울님이 미래의 일이나 천도 이치를 알려주는 일)로 일러준 것일세."

나는 황송해서 고개를 들지 못하고 한울님께 감사의 심고를 올렸다.

| 태암 오 명 직

| 우리아이 수도원에서 절을 배운다 |

노소
가 천심이 되어 동귀일체합니다.

● ● ● ● 입도와 수도

31 >>> 마음이 바뀌니 세상이 바뀐다

정신을 개벽코자 하면 먼저 스스로 높은 체하는 마음을 모실 시(侍) 자로 개벽하고, 스스로 높은 체하는 마음을 개벽코자 하면 의심스럽고 두려운 마음을 정할 정(定) 자로 개벽하고, 의심스럽고 두려운 마음을 개벽코자 하면 아득하고 망령된 생각을 알 지(知) 자로 개벽하고, 아득하고 망령된 생각을 개벽코자 하면 먼저 육신관념을 성령으로 개벽하라.
— 의암 손병희 선생 법설, 제17장 '인여물개벽설(人與物開闢說)' 중에서

많은 세월을 살지 않았는데도 삶이 고달파 죽으면 그만인데 하는 생각을 하고서야 용기를 내어 살아온 세월이 있었다. 그 시절에 우리 가족 모두는 살기가 참 어려웠다. 나는 변변한 직장이 없었고 겨우 직장을 얻어 일을 하고 나면 돈도 받지 못하고, 나가던 직장도 없어져 버리곤 했다.

그처럼 어려웠던 시절에 나는 결혼을 하였다. 내가 일할 수 있는 직장이 없었다. 아침에 눈을 뜨면 사람들이 출근하는 발자국 소리가 너무나 부러웠다. 그 발자국 소리는 내 가슴을 밟고 가는 듯이 나를 아프게 했다. 거짓출근을 하면서 도시를 방황하다 야바위꾼에게 점심값도 잃어버리고 스스로를 미워하기도 하면

서 내가 가지고 있는 모든 것을 다 빼앗아가라고 하늘을 향해 소리쳐 보기도 했다.

신혼여행 후 아무것도 모르는 아내를 설득하여 말로만 듣던 화악산 49일 수련을 시작하였다. 민간인 출입 제한구역, 깊은 골짜기에 백설이 가득 쌓인 길을 더듬어 가며 찾아 갔던 화악산! 그때 나는 처음으로 천도교 수련을 시작하면서 천도교가 무엇인지조차 모르는 아내를 무작정 동행케 하였다. 일주일이 지나자 아내는 울면서 내려가자는 것을, 우리가 일생을 살고자 맹세 했는데 49일을 참지 못하면 지금 헤어지는 것이 낫지 않겠는가 하면서 협박 반 달램 반 사정하며 49일을 마칠 수 있었다.

21일이 지날 무렵 하루는 아내가 다급한 모습으로 나를 찾기에 가보니 손에 손가락 끝마디 하나 정도 될 것 같은 것을 들고는 몸속에서 소변으로 나왔다고 놀란 모습으로 나를 바라보았다. 자세히 보니 둥글면서 약간 길쭉하게 생겼는데, 고기 덩어리 같기도 한 것이 하도 이상하여 쪼개어보니 두부를 하고 남은 비지를 말아서 놓은 것 같은데 지독하게 썩은 냄새가 났다. 원장님께 말씀 드렸더니 몸속에서 나쁜 것이 빠져나온 것이라고 하였다. 아내는 그 때부터 마음에 희열을 느끼며 열심히 수련에 임하게 되었고 기쁜 마음으로 하산하였다.

49일 동안 나는 이 세상에서 체험할 수 없는, 한울에서나 있을 법한 일을 체험하였다. 너무나 많은 체험과 변화로 가슴이 벅차 있었다. 때 묻은 마음이 씻기운 듯 푸른 하늘이 열렸다. 어두운 동굴 속에서 탈출한 느낌이었다. 이후 나에게 기적 같은 일이 계속 되었다. 어떤 일이든 주어지면 행복하고 감사한 마음으로 열심히 일을 하였다.

하지만, 현실 생활 속에서는 어려움이 계속 되었다. 그 까닭은 나와 습관화된 내가 서로 조화를 이루지 못하고 있었기 때문이었다. 예를 들면 행복하기 위하여 일을 하면서도 행복해야 할 사람들과 싸우거나 다투고, 건강하게 살기를 바라면서도 건강을 해치는 일을 하고, 원만한 사람이 되기를 바라면서도 상대방에 대한 이해 부족으로 화를 내고, 좋은 사람이 되기를 바라면서도 빗대어 남을 깎아 내리고, 일이 잘 풀리지 않고 화가 나면 남의 탓으로 돌리는 일이 잦았기 때문이다.

또 나보다 못하던 사람이 나보다 잘 살아갈 때 묘하게 일어나는 질투심과 시기심, 죽음을 기다리던 환자들과 같이 수련하며 환자가 병이 낫는 일 등으로 깨달음을 다 이룬 듯 남을 가르치려 조급했던 마음, 세상을 보는 약간의 통찰력 예지능력으로 무례했던 일 등이 나를 부끄럽게 했고 병들게 했으며 후회하게 하면서 한편으로는 나를 거듭 나게 했다.

아는 것을 평범한 일상으로 실천하는 것이 쉬운 일이 아니었다. 주문수련을 통하여 스스로를 바꾸는 지혜와 힘을 얻고, 경전을 보며 여러 스승님들의 말씀을 들으면서 습관 된 생활이 조금씩 변화되어 갔다. 매년 동계 수련과 하계 수련을 거듭하면서, 3년에 한 번씩 21일간 수도원 수련을 통하여 나는 나를 점

검하며 살아왔다. 일상생활 속에서도 오후 6시면 일을 마치고 단전호흡, 기공체조, 명상, 인체구조, 생활 역학, 심리상담사, 침구학, 스포츠 마사지, 카이로 프라틱(뼈접골) 등 10개의 과목을 민간자격 및 교육 이수증을 받는데 10년이 넘는 세월이 걸렸다. 여러 가지 수련과 배움을 통하여 내 생각이 바뀌고, 생활이 바뀌고, 인생이 바뀌었다.

　이제는 사람들을 만나면 편안하고, 혼자 있는 시간이면 감사한 마음으로 조용히 세상을 만난다. 타인에 대한 이해가 빨라졌으며, 세상에 대한 이해도 깊어졌다. 이제 나의 몸을 느끼는 느낌으로, 세상도 느끼게 되었다. 마음도 자연히 울타리가 없는 집과 같이 세상을 보는데 한계가 없어졌다. 앞뒤 좌우 상하가 없는 마음으로 세상을 보는 문이 열렸다. 하지만 이 작은 몸은 더욱 조심스러워 진다. 마음은 한계가 없지만 몸은 한계가 있기 때문이다. 마음은 자유롭게 살 수 있지만, 몸은 마음의 자유를 위하여 고달픔을 참아야 한다는 것을 알기 때문이다. 모두가 한울 속에 살면서 한울을 느끼고 한울 생명으로 사는 사람이 귀하다. 요즈음은 나와 세상을 조용히 바라보며 명상한다.

　모두가 한울이다.
　모든 것이 한울이다.

　이러함을 알고 사는 사람을 만나면, 하늘 가득한 축복의 기운을 느낀다.

　당신이 바로 한울입니다. 지기금지 원위대강 시천주 조화정 영세불망 만사지

| 수암 김 희 수

6부

러닝하이(Running High)
아이를 잘 기르는 것이 도(道)다
수돗물 잠그기
주문과 함께 하는 생활
천도교에 미친 남자

● ● ● 신앙과 생활

32》》 러닝하이(Running High)

사람의 평생을 고생이라고 생각하면 괴롭고 어려운 일 아닌 것이 없고, 낙으로 생각하면 편안하고 즐거운 일 아닌 것이 없나니, 고생이 있을 때에는 도리어 안락한 곳을 생각할 것이라. 만사를 성취하기는 정성에 있나니, 정성을 지극히 하는 마음에는 즐겁지 않은 것이 없느니라.
— 해월 최시형 선생 법설 제 31장 '수도(修道)' 중에서

어느 날이었던가! 자신감만 믿고 금산 인삼축제 하프마라톤 대회에 무작정 참가한 나는 물 한 모금 마시지 않고 달린 탓에 탈수현상에 따른 고통으로 걸어서 완주를 해야만 했다. 물론 골인지점에서는 관중이 많아서 뛰어 들어오긴 했지만, 말이다.

2년이 지났다. 그렇게 시작한 마라톤은 나의 생활리듬을 바꾸어 놓았고 그 동안 풀코스를 4번이나 완주했다. 완주란 그 자체보다 완주를 하기까지의 연습과정에 더 의미가 있는 것 같다. 마라톤은 꾸준한 연습 없이 완주한다는 것은 어려운 일이다. 사람들은 왜 달릴까? 달리기를 하다보면 소위 러닝하이(Running High)라는 상태에 이르게 되는 것을 느낄 수 있는데, 이때는 평

소 맛보기 힘든 도취감을 느낄 수 있다.

 이 느낌은 개인에 따라 차이가 있어 하늘을 날고 있는 것 같다거나 꽃밭을 걷고 있는 기분이라는 사람도 있지만 대체적으로 편안한 상태를 말하는 것 같다. 물론 이러한 느낌은 기록을 단축해야하는 욕심을 가지고 있거나 경쟁심이 있거나 할 때는 느끼기 힘들 것이다.

 나의 경험으로 보면 대개 달리기를 시작하여 30분이 지나기까지는 힘들다고 느끼며 다리의 근육에 피로를 느끼기도 한다. 이는 몸이 적응하는 시간이라고 생각되며 체온도 차츰 올라가서 몸이 충분히 풀린 상태가 되면 다리근육의 피로도 풀리고 편안한 상태가 되는데 만일 이때 Over pace가 되었다면 반드시 후반에 걷는 것을 피하기 힘들 것이다. 사람에 따라 차이가 있겠지만 30분에서 1시간 정도를 무리하지 않고 뛴다면 그때부터는 저절로 뛰어진다는 생각이 들게 된다. 어디까지라도 달리고 싶은 기분이며 심지어 희열까지 느끼게 되는데 다른 데서는 맛볼 수 없는 도취감임에 틀림없는 것 같다.

 바로 이러한 경험 때문에 사람들은 달리기에 중독되는 것이 아닐까? 마치 우리가 마음을 닦는 수련을 하거나 새로운 일을 시작 할 때에 일정한 궤도에 오르기까지는 고통과 역경을 수반하지만 어느 경지에 도달하면서 느끼는 희열과 비슷하지 않을까! 이 얼마나 좋은 중독인가!

 어느 대회에서나 마라톤을 하는 도중에 걷는 사람들을 보게 된다. 그 이유는 Over pace라고 하는데 자기의 속도를 넘어서 무리를 한 결과이다. 사실 초보자들의 경우 대부분 이러한 경험을 하게 되는데 그것은 자신도 모르게 겪는 경우가 대부분이다. 어떠한 일을 시작할 때 장기적인 안목을 가지고 대응하지 않는다면 쉽게 중도 탈락하는 경우가 있으며, '쉬 끓는 물이 쉬 식는다' 는 속담과도 일맥상통하는 것 같다.

일단 자신의 호흡이 가빠지고 숨이 찬다면 이것은 자신의 속도를 넘어선 것이라고 보면 된다. 숨이 차고 힘들어지면 즐거움도 느끼기 힘들게 되며 마라톤은 매력이 없거나 나에게 맞지 않는 운동이라고 생각해서 포기 할 수도 있을 것이다. 물론 체질적으로 마라톤에 적합한 체질을 가지고 있는 경우에는 일반 사람들보다 빠른 속도로 달릴 수 있는 능력이 있다. 그래서, Over pace의 기준은 사람마다 다르며 천차만별이므로 자신의 체력에 따라서 걷기를 하거나 느리게 뛰면서 조절한다면 누구나 러닝하이를 느낄 수 있으리라 본다.

Over pace! 무리했을 때 반드시 대가를 지불받는 것은 정직한 마라톤의 또 다른 매력이라고 할 수 있다. 하지만 어디까지나 뛰어갈 수 있을 것만 같았고 발만 들면 저절로 뛰어지는 그러한 상태는 계속되어지는 것이 아니다. 그렇게 두세 시간이 지나면 물론 아마추어 이야기지만 극도의 피로와 함께 최대의 고비를 맞이하게 마련이다. 이때에는 초반에 무리를 했다면 말 할 것도 없지만 무리를 하지 않은 사람들 중에도 걷게 되는 사람들이 있는데 이때에 크게 작용하는 것이 정신력이다.

  러닝하이가 달리기의 즐거움이라면 이 고비는 진정한 의미를 깨닫는 역경이라고나 할까…. 참으로 신기하게도 이 역경을 잘 버티면 골인지점이 보이고 도저히 체력이라곤 남아 있을 것 같지 않은데 깊은 곳에 자리 잡았던 힘이 솟는다!

  많은 사람들이 즐거운 달리기를 통해서 누구나 러닝하이도 체험하고 체내에 스트레스는 물론 베타 엔돌핀의 농도를 상승시켰으면 좋겠다. 건강한 사회를 위해서!

| 안 춘 우

● ● ● 신앙과 생활

33》》》 아이를 잘 기르는 것이 도(道)다

도는 높고 멀어 행하기 어려운 곳에 있는 것이 아니라 일용행사(日用行事)가 다 도 아님이 없나니
— 해월 최시형 선생 법설, 제 37장 '기타(其他)' 편 중에서

결혼한 지 벌써 8년이 되어간다. 짧다면 짧고 길다면 긴 그 기간 동안 나는 큰 딸 태연, 작은 딸 수연, 그리고 막내아들 도훈이를 연이어 낳았다. 아이 보는 데는 경륜(?)도 별 소용이 없나 보다. 아이 셋 돌보는 게 여간 힘든게 아니다. 더구나, 현직 고교 영어 교사 생활을 병행하다 보니, 그 고충은 더하다.

학교에서 밤늦게 돌아오면 아이들은 서로 안아 달라고 난리다. 막내가 애처로워 먼저 안아 주면, 둘째는 자기를 먼저 안아주지 않았다고 울며 생떼를 쓴다. 첫째도 괜히 심드렁한 표정을 짓다 토라진다. 달래도 소용이 없다. 이런 일이 하루 이틀 반복되다 보니 나는 어떻게 해야 아이들을 잘 다룰지 몰라 때로는

우두커니 천정만 쳐다보는 경우도 있다.

  그 뿐만 아니다. 시장에서 장을 보고 돌아오다 그래도 아이들 생각이 나서 선물을 사 오면 요놈들은 좋아라고 하다가도 금방 색깔이나 모양이 언니나 동생 것보다 못하다며 바꿔 달라고 조른다. 어떻게 짬을 내서 책을 읽어 주려해도 요구하는 책이 서로 달라 난감할 때가 한두 번이 아니다. 그리고 가장 힘든 것은 저녁때이다. 밥을 가만히 앉아서 먹으면 얼마나 고마울까. 먹는 둥 마는 둥, 한 숟가락 먹고 안방으로 갔다 왔다, 또 한 숟가락 먹고 건넌방에 왔다 갔다 하길 반복한다. 그 중 꼭 하나는 먹기 싫다며 도리를 친다. 이렇게 식사를 마치고 나면 아이들을 씻겨야 하는데, 목욕탕에 들여보내는 것부터가 어렵다. 으르고 달래서 들여보내면 누구부터 씻겨야 할지… 그러다 보면 자연히 언성이 높아지고 야단을 치게 된다. 내 스스로가 마음에 여유가 없어지고 옹색해지는 걸 느낀다. 마음이며 생활이 흐트러지려 한다.

  사실 오랫동안 천도교 신앙을 하면서 나름대로 잘 참고 아이들도 성격에 따라 그럭저럭 맞춰가던 나였는데, 지난해 고교 3학년 담임을 맡으면서 생활리듬이 급격히 떨어지는 것을 느꼈다. 아침저녁으로 수련도 하고, 남편이 지어준 보약도 먹고, 집안일 도움을 받기도 하지만, 학교와 집에서의 전쟁을 동시에 수행하기엔 역부족이었나 보다.

  그래도 가정은 푸근한 보금자리가 되어야 하는데, 스스로 힘들기는 하지만, 아이들에게 소리도 치고 성을 내는 상황이 안타깝기만 하였다. 언제였든가 시아버님께서 "자식을 셋은 낳아 키워봐야 부모의 은공을 알 수 있다."고 하셨는데, 그 말씀이 자꾸만 가슴에 와 닿았다.

그러던 어느 날, 한 번은 남편과 함께 아이들을 데리고 강원도 홍천에 있는 가리산 수도원을 방문한 적이 있다. 은성당(隱誠堂) 조동원 원장님께서는 옛날에도 그랬듯이 반갑게 맞아 주시며 아이들의 머리를 쓰다듬어 주셨다. 그런데, 아이들은 조용히 해야 할 수도원에서도 가만히 있질 못하였다. 나는 수도원이라 언성도 못 높이고 아이들의 행동을 조심시키느라 노심초사(勞心焦思)하였다. 더욱이 수도중인 분들에게 방해가 되어서는 안 되겠기에 조마조마하기까지 하였다. 그러나 원장님께서는 그냥 빙긋이 웃기만 하셨다. '버릇없다' 라고 한마디 하실 법도 한데, 아무런 말씀 없이 아이들의 행동을 지켜만 보셨다.

그렇게 나는 수련을 하는 둥 마는 둥 하며 2박 3일간의 일정을 끝내게 되었다. 제대로 수련도 못한데서 오는 아쉬움과 아이들과의 신경전이 끝난다는 데서 오는 안도감을 함께 느끼며 짐을 챙기기 시작했다. 바로 그 때였다. 원장님께서 "한정희 동덕! 도(道)는 다른 데 있는 게 아니야. 일용행사(日用行事)가 다 도(道)야. 한 동덕에게는 아이 셋 잘 기르는 것이 바로 도(道)야. 열심히 도(道) 잘 닦아." 하시는 것이 아닌가?

나는 순간 정전이 일어나는 듯하였다. 아! '일용행사에 도

(道) 아님이 없다.'고 일찍이 해월신사님께서는 말씀하셨는데, 나는 1~2년 간 그 가르침을 까마득히 잊고 있었구나! 원장님도 바로 이를 두고 하신 말씀이리라. 그렇지! 아이들을 한울님 법도에 맞게 잘 기르고 가르치는 것이 바로 내가 닦아야 할 도(道)지.

　나는 잃어버린 보물을 찾은 듯 했다. 막혔던 마음이 시원하게 열리는 것 같았다. 그 때부터 나는 아이들이 생떼를 써도 '도를 닦아야지.' '아이들이니 그럴 수 있지.' '아이들도 한울님을 모신 존재이니 절대 성품을 내지 말고 차분하게 타이르며 가르쳐야지.' 하면서 나를 챙길 수 있게 되었다. 여유도 생기고 자신감이 붙는 듯 했다. 그러면서 점차 내 마음이 안정되고 언행이 순하면 아이들도 잘 따르는 걸 느끼게 되었고, 결국 아이들은 엄마인 나의 상태에 달려 있다는 것을 알게 되었다. 자연히 아이들의 성격 형성에도 좋은 영향을 미칠 수밖에 없었다.

　우리는 바쁜 일상을 살아가면서 수시로 마음을 뺏기고 옹졸해지는 것을 느낀다. 순간적으로 '나'를 잊어버리고 화를 내어버리면서 흐트러진다. 누구나 크게 다를 바 없겠지만, 나에게는 '생활이 바로 도(道)'라는 말씀과 중험이 항상 깨어 있게 만든다. 나는 매일 바쁜 삶 속에서 도(道)를 닦는다. 나날이 해가 갈수록 단련되고 원숙해지려 꾸준히 노력한다.

| 심화당 한 정 희

● ● ● ● 신앙과 생활

34 》》 수돗물 잠그기

「내 속에 어떤 내가 있어 굴신동정(屈身動靜)하는 것을 가르치고 시키는가」하는 생각을 일마다 생각하여 오래도록 습성을 지니면 성품과 몸 두 가지에 어느 것이 주체요, 어느 것이 객체인 것과 어느 것이 중하고 어느 것이 경한 것을 스스로 깨닫게 될 것이니, 이 깨달음이 곧 육신을 개벽하는 것이니라.
— 의암 손병희 선생 법설 제 17장 '인여물개벽설(人與物開闢說)' 중에서

내가 천도교를 믿기 시작한 것은 21세 때이다. 대학 친구의 인도로 입교를 하게 되었는데, 그때까지만 해도 나는 천도교를 거의 종교라고 생각하지 않고 있었다. 여러 가지 시행착오 끝에 겸손한 마음이 되어 있던 나는, 우리나라의 종교라는 것에 그저 편안한 기분이 들어서 입교를 했다. 당시 나는 경남 마산에서 고등학교를 졸업하고 멀리 고적의 도시 경주로 와서 대학생활을 하고 있었다.

입교 후 몇몇 젊은 도인들과 수련을 자주하곤 했는데, 경전을 공부하다 보니 '3·7자 지극하면 만권시서 무엇 하리'라는 구절이 나오는 것을 보고 무슨 뜻인지 이해가 가지를 않았다. 만

권을 읽는 수고를 3·7자가 대신 해준다는 것이 정말 이해하기가 어려웠으나, 무언가 깊은 뜻이 있으리라는 믿음을 갖고 계속 주문수련 생활을 하고 있었다.

경전을 통해서 보는 천도교와 현실의 천도교는 서로 다른 점이 많았다. 여느 종교와 다름없이 경전에서 가르치는 내용을 그대로 실천하고 수행하는 분위기가 적었던 것이다. 그러나 나는 주변에는 신경 쓰지 않고, 스스로 목적한 바가 있었으므로 열심히 경전을 탐독했고, 천도교의 진리를 알리고 마음을 다해 노력하였다. 그러나 잡힐 듯 잡힐 듯 하면서도 천도교는 나에게 속시원한 답을 주지 않았다. 그렇게 초조한 시간들이 지나가고 있었다.

하루는 경주의 황성공원을 가고 있었다. 공원의 중앙에는 공설운동장이 있었고, 공원은 시민들의 훌륭한 레저 공간이었다. 그전에도 자주 공원을 방문하곤 했었는데, 그날도 가벼운 옷차림으로 공원 내를 조깅했던 것 같다. 나는 체질상 운동을 해야 하는데 천성이 워낙 움직이는 것을 좋아하지 않는지라, 운동을 하려면 상당한 결심이 서야만 했다.

공설운동장을 중심으로 해서 뛰어서 돌아가는데, 저쪽에 있는 공동수돗가에서 아무도 사용하는 이가 없는데도 수돗물이 흘러나오고 있었다. 수도가 고장 난 것은 분명 아니었다. 전 같았으면 난 그냥 모르는 척하고 지나갔을 것이다. 머릿속으로는 저 수돗물을 잠가야 된다고 생각까지는 하는 경우도 있었지만 몸이 그렇게 움직여 주지 않았던 것이다. 아니 그러한 생각조차 없을 때가 더 많았다. 물이 흐르면 흘렀지 내가 직접 손해 보는 일도 아니고, 괜히 착한 척하는 것도 싫었기 때문이었다.

그러나 그 날은 왠지 나도 모르게 자연스럽게 내 집의 수돗물이 새는 것처럼 아까운 생각이 저절로 들면서 자연스럽게 다가가 수도꼭지를 잠갔다. 내 마음속에서 흐르는 수돗물이 아깝다는 생각이 솟아올랐으며 그와 동시에 잠가야 한다는 의무감, 책임감이 발동해서 수도꼭지를 잠그지 않을 수 없었던 것이다. 나는 내 스스로 이 작지만 '놀라운 변화'를 이해할 수 없었다. 하지만 기분은 참으로 뿌듯하고 좋았다. 나도 이런 종류의 행동을 스스로 할 수 있다는 것이 한편으로 대견스러웠다.

천도교에서는 사람이 한울을 모시고 있다고 한다. 그 순간 나는 책을 통하거나 학교의 배움만으로 실천할 수 없었던, 내 마음속에 어떠한 가르침과 힘이 존재함을 이 일을 계기로 자각할 수 있었으며, 분명 '나' 아닌 또 다른 '내'가 내 안에 살아 있음을 느낄 수 있었다. 왜냐면 분명 이러한 착한 행동이 결코 과거의 나에게서는 나올 수 없었기 때문이었다. "그동안 천도교에 입교해서 고민하면서 공부하고 수련해 왔던 것이 이제야 그 효과가 나타나기 시작하는 것이 아닐까?" 그렇게 밖에는 이러한 변화를 설명할 수 없었다.

그 뒤에도 오늘날까지 나는 지속적인 신앙생활을 해오고 있는데, 나 스스로 알게 모르게 내 자신이 점점 조금씩 바르고 밝고 착하고 의로운 쪽으로 변화를 해가고 있다는 것을 느낄 수 있다. 비록 다른 사람이 보기에는 대단한 변화가 아닐지 모르지만 나는 천도교의 울타리 안에서 그렇게 한울이 되어가고 있는 것 같다.

| 제암 김 성 수

●●● 신앙과 생활

35〉〉〉 주문과 함께 하는 생활

> 주문 삼칠자는 대우주 · 대정신 · 대생명을 그려낸 천서이니, 「시천주 조화정」은 만물화생(萬物化生)의 근본이요, 「영세불망 만사지」는 사람이 먹고 사는 녹(祿)의 원천이니라.
> — 해월 최시형 선생 법설, 제 8장 '영부주문(靈符呪文)' 중에서

저는 수도가 무엇인지, 천도의 가르침이 무엇인지, 주문이 무엇을 뜻하는지, 아무 것도 모르는 상태에서 부모님께서 천도교를 신앙하셨으니 나도 당연히 '천도교인' 이라 말은 하면서도, 누가 천도교에 대해 물어보면 대답할 것이 없는 무지한 시절을 서른 살까지 보냈습니다. 그러던 어느 날 마음이 편치 않고 괴롭기 그지없었는데, 몸에 병까지 들어 가정과 직장생활하기가 너무도 힘들어 서울대학병원에서 진찰을 받아 보았습니다. 검사 결과 갑상선기능항진과 갑상선 종양으로 판명되어 3년 넘게 치료를 받았으나 별다른 차도가 없었습니다.

당시 여성회본부 포덕부장이시던 어머니(敬守堂 김석중, 포

덕 125년 환원)께서 용담수도원에서 여성회 본부 주최로 하는 수련회에 참가하기를 권하셨지만 아이도 어리고 하여 갈 생각이 들지 않았습니다. 그래도 어머니의 권유이니만치 어렵게 아이를 맡기고 처음으로 수련회에 참가하게 되었습니다. 당시 수련생들이 백여 분 넘게 발 디딜 틈도 없이 앉아 열심히 수련을 하고 계셨습니다. 당시 김승복 연원회의장님께서 수련지도를 해주셨는데, "마음은 본래 맑은 거울과 같으니 더러워진 거울과 같은 마음을 깨끗한 거울처럼 되도록 주문을 열심히 외우라"고 지도해 주셨습니다. 수련 이틀 동안은 단 한 시간도 무척 힘들었고 "도대체 한울님이 계시기나 한 것일까?" 하는 의문을 비롯하여 두고 온 아이 걱정, 집 걱정, 지난 일들 등 잡다한 생각이 끊이지 않았습니다.

그래도 수련 시간만은 꿈쩍하지 않으며 열심히 주문을 목청껏 현송하였는데, 3일째 되는 날 강령과 함께 영부 33장을 받으라는 말씀이 자꾸 들려오므로 어머니와 함께 9시 기도식 후 용담정에 올라가 청수를 봉전한 후 심고를 드리고 주문을 외우니, 대강령과 함께 영부 33장을 순식간에 내려주셨습니다. 정성껏 받아 대신사님께서 하신대로 불에 살라 청수에 타서 마셨는데, 아무 맛도 없고 냄새도 없고 그저 감개가 무량하여 심고를 마치고 용담정 앞에 나와 앉았습니다.

그런데 수운 대선생의 성령께서 나타나 온몸을 어루만지시며 무척 착하고 예쁘다고 하는지라 온몸이 전기에 감전된 듯 몹시 떨리고 두려운 느낌과 함께 홀연히 그 모습이 사라졌습니다. 신기한 것은 그 이후 지금까지 병이 재발하지도 않고 건강하게 잘 지내고 있다는 것입니다. 그 후 서울대학병원에서 검사를 받아도 항상 정상으로 나오곤 합니다. 이토록 완벽하게 치유해 주시는 경험을 직접 체험한 이후로는 "나에게 영부 있으니 그 이름은 선약이요 그 형상은 태극이요 또 궁궁이니 나의 영부를 받아 사람을 질병에서 건지고, 나의 주문을 받아 세상 사람을 가르쳐 나를 위하게 하면 너도 역시 장생하여 덕을 천하에 펴리라"는 한울님 말씀 그대로임에 조금의 의심도 일지 않았습니다.

혹 영부에 대해, 제인질병 여부를 왈가왈부하는 사람이 있거든, 한울님을 섬기고 한울님을 위하는 마음자세로 주문공부를 정성껏 한 연후에 영부를 받았는데도, 그 영부가 효험이 없었던 것인지 한번 헤아려보라고 말씀드리고 싶습니다. 지극한 정성을 한 연후에 한울님께서 내려주셔서 받는 영부는 제 경우에는 틀림없는 선약이었음을 몸소 체험했기에 의심의 여지가 없다고 생각합니다.

또 한 번은 아들 녀석이 여덟 살 때쯤 의창수도원에서 일주일간의 수련 중 마지막 날 한태원 선도사님께 입교식을 하기로 한 날입니다. 그런데 새벽에 몸이 불덩이 같이 열이 올라 걱정하였는데, 아침 수련 중에 영롱하고 확연한 궁을 문양의 영부를 받게 되어 탄복시켰습니다. 그리고 아들은 그 날 집에 와서 땀을 푹 내고 자고 일어났더니 씻은 듯 나아지는 경험을 하였습니다.

그리고 남편이 허리디스크로 허리를 제대로 펴지 못하고 두 달 넘게 밤낮으로 고생하여 의사로부터 수술하는 수밖에 없다는 진단을 받게 되었습니다. 저는 주문으로 강령과 영부를 받아 청수에 타서 남편에게 탄복시켰더니 남편의 병이 완치되어 현재까지 건강하게 지내고 있습니다.

　한울님과 스승님께 진심으로 감사를 드립니다. 뿐만 아니라 의창수도원에서 수련할 때 주문의 뜻도 제 수준에 맞게 가르쳐 주시고, 『동경대전』의 내용도 중요한 부분을 세세히 가르치시고, 바르게 수도할 수 있도록 너무도 친절하게 지도해 주시는 천사님의 은덕을 입었으니, 어떻게 천도교인으로서 번복지심을 가질 수 있었겠습니까. 그 후 저는 무엇을 하든 한울님께서 늘 보살펴 주시고 바른 길을 가도록 간섭해주시는 무위이화(無爲而化)의 덕을 입으며 생활해오고 있습니다. 간혹 일이 잘 안되거나 몸이 불편해지면 내가 또 시천주 주문공부를 게을리 하고 경전공부를 제대로 하지 못했기 때문이라는 생각으로 부끄러워짐을 느낍니다. 제 주위에서도 동생인 김산 선도사(전 청년회본부 회장)의 경우, 부부가 효도가 지극하였고 변함없는 정성과 공경으로 수련과 교구 활동에도 헌신적입니다. 동생 내외가 지난해 정월 초하루부터 1,000일 간의 아침 수련을 작심하였다는 소식을 들은 후, 지금까지 변함없이 하고 있다고 합니다. 그래서인지 사업도 더 잘 되고 집을 사고파는 일도 계획한 대로 될 뿐만 아니라 경제적으로도 많은 도움이 되도록 이루어주시는 무위이화의 경험을 이야기하는 것을 듣고 보게 되었습니다.

저는 학교에 근무하므로 매년 동·하계수련에 빠짐없이 참가할 수 있습니다. 그래서 믿음을 다잡는데 좋은 기회라 놓치지 않고 첫 수련 후 한 번도 거르지 않고 있습니다. 바쁜 직장인들도 시간을 내어 집에서 매일 한울님을 위하는 주문을 외우고 주문과 함께 생활하여, 천사님이 도와주시고 이루어주시는 은덕으로 행복하고 보람된 삶을 살도록 노력해야겠다고 생각합니다.

| 김 진 순

| 우리아이 수도원에서 절을 배운다 |

수도
원에 오신 한울님을 맞아 절을 합니다.

● ● ● 신앙과 생활

36 >>> 천도교에 미친 남자

도를 통하고 통하지 못하는 것이 도무지 내외가 화순하고 화순치 못하는 데 있느니라. 내외가 화순하면 천지가 안락하고 부모도 기뻐하며 내외가 불화하면 한울이 크게 싫어하고 부모가 노하나니, 부모의 진노는 곧 천지의 진노이니라.
— 해월 최시형 선생 법설, 제 17장 '부화부순(夫和婦順)' 중에서

내가 결혼하려 할 때, 배우자로 가장 선호했던 직업이 교사였고, 그것도 국어를 가르치는 선생님이었으면 했다. 그런데 조상님의 은덕인지 한울님의 감응인지 그런 직업을 가진 지금의 남편과 만나 결혼했다. 그러나 결혼식을 올리자마자, 어찌된 영문인지 부모님이 사시는 집에서 하룻밤 묵고 신혼여행은 다음 날 떠나자 한다. 이 사람이 현대 사람인지 조선시대 사람인지 이해하기가 힘들었다. 자기 딴에는 부부 중심보다는 멀리 사는 친척들과 집안 식구들, 그리고 부모님을 배려해서 저녁 늦게까지 이야기의 꽃을 피우며 밤을 보내자는 생각이었던가 본데…. 정말 지금 생각해도 나에 대한 배려가 전혀 없는 빵점 자리 남편이었

다. 그렇게 해서 신혼 첫날밤을 시댁에서 지내고 그 다음 날 여행을 떠나 2박 3일의 신혼여행을 마치고 돌아왔다.

그 다음 날 저녁 9시가 되자, 방안에 웬 밥그릇 하나에 물을 가득 담아 놓고 집안 식구들이 빙 둘러앉아 눈을 감고 염주를 들고 무엇인가를 외는 듯 했다. 그 때 당시에는 정말 이해할 수 없었다. 물 한 그릇 떠다 놓고 무엇을 빌고 있는지.

그리고 남편이란 사람은 아침저녁으로 시도 때도 없이 똑같은 소리로 30분, 아니면 1시간 씩 무엇인가를 외는 것이었다. 내가 보기엔 꼭 미친 사람 같았다. 비정상적인 사람으로 생각되어 부부의 관계가 좀 서먹서먹해지기 시작했다. 그런 것은 또 괜찮다. 큰애가 세 살, 작은 애가 한 살인 여름, 날은 어둡고 비가 몹시 내리는 어느 날, 가리산 수도원을 가자고 애원을 한다. 가게 되면 많은 것을 배울 수 있고, 무엇인가 신앙에 대해 알 수 있을 것이라고. 난 어린애를 데리고 가면, 거기에 있는 수도생들에게 방해가 된다면서 거절했다. 그러자 화가 머리끝까지 났던지 방문을 손으로 쳐 이내 손에서 피가 철철 흐른다. 그리곤 혼자 가방을 챙겨들고 가리산을 향해 휑하니 가버렸다.

난 결혼해서 처음으로 많이 울었다. 이해심 없는 남편, 철부지 같은 남편이 정말 미웠다. 그런데 집을 떠난 지 일주일이 되자, 남편한테서 편지가 왔다. 정말 미안하다는 사과의 편지. 또 한 번 눈물이 주르르 흘렀다. 그래서 그 비를 다 맞고 부안에서 강원도 가리산까지 혼자 갔을 걸 생각하니 마음이 무척 안 됐다 싶어 답장을 했다. 앞으론 조금의 어려움이 있더라도 당신의 뜻에 따르겠다고. 그 뒤부터는 큰 애, 작은 애를 데리고 지금까지 줄곧 수도원을 1년에 두 번, 아니면 1번 정도를 15년 정도를 다녔으니, 수도원을 다닌 경비만 하더라도 꽤 되리라. 수도원을 다니다 보니, 동학 천도교의 신앙을 조금은 알겠고, 가리산 수도원장님의 말씀대로 일용행사가 도 아님이 없다는 것을 깨닫게 되었다.

| 수성당 최 배 실

7부

심고(心告)의 영험(1)
심고의 영험(2)
성인의 덕화(德化)
수도자의 선견지명
수련 체험기
수명 연장의 체험
나의 수도 체험
한울님의 능력
한울님의 조화
도래삼칠자 항진세간마(圖來三七字 降盡世間魔)
우리를 지켜준 한울님

● ● ● 수도의 기적

37 >>> 심고의 영험(1)

영적(靈迹)은 사람의 지혜와 능력으로부터 뽑아내기 어려운 것이라, 한울님의 대표로 한울님의 능력을 행하는 자연의 활기이니, 이 영적이 거쳐 온 근본적 신기는 말과 글로 표상할 수 없는 것이라.
— 의암 손병희 선생 법설, 제 18장 '대종정의(大宗正義)' 중에서

1940년대 부안·신태인·정읍 등 호남지역 교인들이 호산(虎山) 오문술 선생님을 모시고 함께 49일 기도할 때 있었던 일이다. 여느 날과 다름없이 수도 방에는 호산 선생님이 앉아 계셨다. 얼굴에는 맑은 광채가 떠돌고, 자주 깜박이는 눈에는 맑은 이슬방울이 맺힌 듯하다. 눈과 입에는 잔잔한 미소가 넘친다. 한 번 웃음에 따뜻한 봄바람이 온 대지를 덮는 것 같다. 선풍도골(仙風道骨)이 따로 없었다.

선생님을 중심으로 면벽한 문도들이 평좌한 채 한울의 성품자리를 찾아 주문을 외우며 명상에 잠겨 있다. 숨소리마저도 거추장스러울 정도로 적막한 공간이다. 온갖 생각이 끊어지고 마

음과 우주가 하나가 되어 깊은 황홀감에 잠겨 있을 때, 문득 "병철이! 병철이!" 하고 적막을 깨는 소리가 있어 밖에 나가보니, 노병철 동덕(同德 : 천도교에서 같은 교인들을 부를 때 쓰는 말)의 집에서 사람이 와 있다. 노 동덕의 아버지가 갑자기 돌아가셨다는 것이다.

그 소식을 전해들은 노병철 동덕은 매우 슬픈 표정이었다. 한창 마음 공부중이던 수도장 또한 그 소리에 모두 애도의 분위기이다. 잠시 침묵이 흐른 뒤, 수도생 중의 한 사람인 성암 오정균 동덕이 말하였다.

"집안 형편으로 보아 그 어른이 꼭 3년만 더 사셨으면 좋을 텐데, 참 안타깝다."

문도들 또한 모두가 공감한다. 마침 건넌방에서 그 말을 듣고 계시던 호산 선생님이

"정균이 자네가 방금 한 말은 천어(天語 : 하늘의 말씀)일세. 그러니 지금 당장 그 집에 가 돌아가신 양반에게 진심으로 심고를 드리도록 하게."라고 말씀하셨다.

선생님 말씀이 떨어지기가 무섭게 오정균, 노병철 동덕 두 사람은 달려갔다. 방안에는 쾌쾌한 냄새가 코를 진동하고 시신은 홑이불로 덮어놓은 채 죽은 사람을 데려간다는 사자의 밥을 해놓고 상주들이 곡을 하고 있는데, 오정균 동덕은 홑이불을 걷은 후 돌아가신 분의 가슴에 손을 얹고 3년만 더 살게 해 달라고 간절하게 심고를 드렸다. 그러자 한 3~5분쯤 후, 돌아가셨던 노병

철 동덕의 아버지가 "후 ~" 하고 긴 한숨을 토해내더니 "내가 긴 꿈을 꾸었나 보다."라고 말씀하시며 무슨 일로 여기에 왔냐는 의아한 표정이다. 성암 오정균 동덕은 그제서야 기쁨을 주체하지 못해 "한울님 감사합니다, 감사합니다." 라고 연신 말한 뒤, 수련 방에 돌아와 "선생님! 어찌 이런 일이 일어날 수 있습니까?" 라고 물으니, 선생님이 말씀하시었다.

"목숨은 한울에 달려 있고, 한울님 마음은 곧 우리들의 본래의 마음이기 때문에, 대인(大人)은 생각과 심고(心告)로 사람을 살리고, 중인(中人)은 영부(靈符)로 사람을 살리며, 하인(下人)은 안수(按手)와 마찰로 사람을 살리느니라. 이것이 바로 후천 오만 년 무극대도의 심법이니라."

이에 수도 중에 있는 모든 문도가 고개 숙여 선생님을 흠모하며, 증험(證驗)을 통해 수운심법의 시천주(侍天主) 신앙을 확고히 하는 계기가 되었다. 그 뒤, 노병철 동덕의 아버지는 아주 건강하신 몸으로 3년을 더 사시다가 꼭 그 날짜에 돌아가셨으니, 진실된 심고(心告)란 이처럼 과학적으로 설명할 수 없는 영험이 있는 것을 그 당시 수도생 모두는 함께 지켜보았다. 우리들은 현재 어떤 모습으로 살아가고 있는가? 남을 위하여 진심으로 기도하거나 빌어본 적이 있는가? 하루하루를 마음에 물들지 않고 천심 회복을 위해 살아가고 있는지 나 자신부터 살펴볼 일이다.

| 태암 오 명 직

| 우리아이 수도원에서 절을 배운다 |

한울
님께 감사하는 식고를 합니다.

● ● ● 수도의 기적

38〉〉〉 심고의 영험(2)

마음을 단련하는 것은 제 성품의 본바탕의 크게 활동하는 비밀의 기틀을 받는 것이니, 능력이 가히 천지를 운반하고 권능이 가히 만상의 윗자리가 되는 것이니라.
— 의암 손병희 선생 법설, 『무체법경(無體法經)』 '신통고(神通考)' 중에서

어느 일요일, 태인 만화정(萬花停)에서 교인들이 모여 시일(侍日) - 동학 천도교에서 일요일 낮 11시에 한울님께 기도를 올리는 예식 - 을 보려고 하니까, 한철수 동덕이 사는 옹동면 오성리에서 호산 오문술 선생님의 제인질병(濟人疾病 — 사람들의 질병을 고침)의 도력을 전해 듣고 노부인 한 분과 남자 두 분이 땀을 뻘뻘 흘리면서 절명(絶命)한 젊은 처자 한 사람을 업고 왔다. 이 때 방안에 있던 교인들이 다들 무서워서 자리를 피하자, 호산 선생님이 "두려워하지 마라, 이미 죽어서 온 사람인데, 우리에게 무슨 책임이 있겠나? 망자(亡者)를 데리고 온 사람이 우리를 원망하지 않을 테니 걱정하지 마라." 하시면서 젊은 처

자의 가슴에 손을 얹고 지극히 심고(心告)를 드렸다.

잠시 후 죽었던 젊은 처자의 몸이 벌떡 벌떡 움직이면서 살아났다. 믿지 못할 기적이 일어난 것이다. 만화정에 업혀 온 그녀는 그 날 오전에 아무렇지 않게 일하다가 갑자기 기절하더니만 죽었더란다. 멀쩡하던 사람이 급사(急死)하자, 부모는 너무 어이가 없었고, 그 때 마침 그 동네에 사는 한철수 동덕에게서 호산 선생님의 도력을 들었던 것이 생각 나, 혹시나 하는 마음으로 헛걸음할 셈치고 죽은 사람을 2km나 되는 곳을 업고 달려 왔다는 것이다. 시간으로 보아 죽은 지 약 1시간쯤 지난 뒤였던 것이다.

방안에 있는 모든 교인들과 그녀를 업고 온 사람 일행은 이런 기적을 지켜보면서 한울님께 감사의 심고(心告)를 드렸다. 한울님의 전지전능(全知全能)한 힘을 모두가 다 증험(證驗)한 것이다. 오성리에서 온 노부인과 두 사람은 눈물을 흘리면서 호산 선생님의 도력(道力)에 감복되어 어찌할 줄 모르고 감사의 말씀을 드리자, 호산 선생님이 "목숨은 한울에 달려 있고, 지극한 심고가 한울에 닿아 살아난 것이니, 나에게 너무 감사하지 말라. 한울님의 권능으로 살아났으니, 부디 한울님을 공경하고 믿음을 다하라." 하시니, 오성리에서 온 그 분들은 그 뒤 천도교에 입교하여 정성·공경·믿음을 다하였다.

| 태암 오 명 직

● ● ● 수도의 기적

39》》 성인(聖人)의 덕화(德化)

성인의 덕행은 춘풍태화(春風泰和)의 원기(元氣)가 초목군생에 퍼짐과 같으니라.
— 해월 최시형 선생 법설, 제 12장 '성인의 덕화(聖人之德化)' 중에서

호산 선생님이 송월리에서 수운 심법(心法) 즉 영부(靈符)와 심고(心告)로 제인질병(濟人疾病)하고 주문(呪文)으로 세상 사람을 가르치실 때, 하루에도 수십 명, 수백 명씩 찾아와 편하실 적이 없으셨다.

하루는 대수리(부안군 백산면)에 사는 유옥종 씨가 큰 아들 유영표를 데리고 그의 부인을 리어카에 싣고 왔는데, 거의 다 죽은 송장이나 다름없었다. 지금으로 말하면 '목암'에 해당하는 병이라 생각되는데, 병원에 가 보았으나 별 차도가 없고, 한 의원에 가서 약을 쓰고 시침을 하였으나 백약이 무효라서 호산 선생을 뵈러 왔다 한다.

한의원에서 백지를 돌돌 감은 성냥개비로 심지를 박아 목 부분 여기저기서 고름이 나와 차마 눈뜨고 보지 못할 형상이었다. 호산 선생이 병자를 보더니만, 태양 같이 밝은 웃음 띤 얼굴로 목 부분의 심지를 뽑고 청수(淸水)로 깨끗이 닦은 뒤, 고름이 나오는 곳을 혀로 핥는 것이 아닌가? 모두가 어안이 벙벙했다. 그 더러운 곳을 혀로 핥아 내다니? 모두들 죄송하고 송구스러워 고개를 돌렸다. 그리고 청수(淸水)를 묻힌 백지를 구멍 난 곳에 발라주시며 이제 괜찮을 테니 환자를 집으로 데리고 가라고 하신다. 그 때 당시 백운당(白雲堂) 어머니와 젊은 제자가 호산 선생의 치병(治病)을 옆에서 돕고 있었는데, 호산 선생이 당부하시길 병원의 약이나 한약방의 약은 모두 먹고 난 뒤에 오도록 했고, 여기에 와서는 아무 약도 먹지 못하게 하셨다. 그야말로 무형(無形)한 한울님의 영적(靈的) 치료인 것이다.

다음 날 이른 새벽에 유옥종씨가 헐레벌떡 달려왔다. 얼굴에는 기쁨으로 상기되어 있었다.

"선생님! 선생님! 어찌 이런 일이 있을 수 있습니까? 글쎄 저희 아내가 어제 여기 다녀가기 전까지만 해도 밤새 한 잠을 못 잤는데, 어제 저녁에는 한 번도 잠을 설치지 않고 곤하게 잘 잤다니까요."

호산 선생은 빙그레 웃으시면서 "그래, 참 잘 되었네. 병이 낫고 안 낫고 하는 것은 한울님과 가족들의 정성에 달려 있으니까, 앞으로 사흘에 한 번씩 다니게."라고 하시자, 도저히 믿기지 않는 듯 고개를 갸우뚱갸우뚱 하면서 물러갔다. 그 뒤 계속해서 사흘에 한 번씩 찾아오자, 호산 선생은 백지에 침을 발라서 고름이 나오는 곳에 붙여주시니 석 달이 채 안 지나서 그 부인은 병이 다 나았다.

　유옥종씨는 부인의 병이 다 낫자, "내 생전에 은혜를 갚겠습니다"라고 말한 뒤, 매년 농사를 지으면 당신 등으로 직접 쌀 한 가마씩을 지고 와 송월리 수도장의 양식을 대었다. 그런 기적이 있고 나서 소문이 인근 마을에 널리 퍼져 대수리에 사는 이상준 씨의 어머니와 초등학교 교감을 지낸 김인성 씨 부인들이 다녀갔고, 대수리 사람들 태반이 다녀갔다.

　호산 선생은 송월리에서 13년 간 독공 수련하시면서 3생(生) - 날 생, 살 생, 살릴 생 - 을 깨달아 수 천 수 만 명을 살리시고 천도의 길을 가르치셨으니, 이야말로 성인(聖人)의 덕화(德化)가 아니겠는가?

| 태암 오 명 직

| 우리아이 수도원에서 절을 배운다 |

아이
는 자연과 하나가 된 천심입니다.

● ● ● 수도의 기적

40 ⟫⟫ 수도자의 선견지명

천지와 더불어 그 덕에 합하여 능히 천지조화를 행한 뒤에라야 바야흐로 도통하였다 이르리라
— 해월 최시형 선생 법설, 제 11장 '독공(篤工)' 중에서

1940년대 초 부안·정읍 등 호남지역 교인들이 호산 오문술(吳文述) 선생님을 모시고 수도할 때 있었던 이야기이다.

당시 호산 선생님의 지도로 10여명의 젊은이들이 49일 기도를 하던 중이었는데, 어느 날 새벽 3시경이었다.

"자네들, 일어나서 밖에 나가 하늘을 보게"

호산 선생님의 말씀이 갑자기 들려왔다. 제자들은 잠을 자거나 그때까지 수도 삼매경에 빠져 있기도 했지만 서로 약속이나 한 듯이 동시에 벌떡 일어나 밖으로 나가 하늘을 쳐다보았다. 모두들 지극한 수련 탓에 천심(天心)으로 하나가 되어 있었던가 보다. 하늘은 더없이 맑아 별이 총총한데, 웬 시커먼 구름 띠

가 동서를 가로질러 하늘을 남북으로 갈라놓고 있는 것이 아닌가. 그러자 호산 선생님은 "앞으로 머지않아 그 때가 닥쳐올 것이네. 그때가 오면 자네들은 좌(左)도 말고 우(右)도 말고 시천주 주문 공부만 열심히 하소" 그리고 이어서 "지금 공직(公職)에 있거나 동양척식주식회사 등에 근무하고 있는 사람들은 이 순간부터 직장을 그만두게"라고 하시는 것이었다. 그 당시는 제자들 모두가 호산 선생님의 높은 도와 덕에 감복하던 터라, 그 뜻과 영문을 채 알지는 못했지만 각자 스승의 말씀을 마음에 깊이 새기고 공직에 있던 사람들은 두말없이 그 다음날 부로 사표를 내었다.

몇 년이 지나자 해방이 되고 남북으로 갈렸다. 나라 안팎이 온통 좌익이니 우익이니 하고 데모를 하고 서로 싸우고 난리가 계속되었다. 제자들은 그제야 호산 선생님께서 앞으로 닥칠 운수를 미리 말씀해주셨다는 것을 알았다. 그리고 얼마 지나지 않아 선생님이 자기들의 목숨까지 건져주셨다는 것을 알았을 때는 놀라워 탄복할 뿐이었다.

얼마 후 6·25 사변이 났는데 마을에 들어온 인민군들이 제일 먼저 한 일이 바로 일제 때 공무원·경찰·동양척식주식회사 직원 등으로 근무한 사람들을 처형한 것이었다. 마을마다 많은 사람들이 목숨을 잃었는데, 호산 선생님의 말씀대로 미리 직장을 그만 두었던 천도교 젊은이들은 온전히 목숨을 보전할 수 있었던 것이다.

호산 선생님은 평생 동안 진실되고 지극한 수도로 일관하여 한울님과 하나 되는 경지에 도달해 있었고, 그래서 범인들은 도저히 알거나 따를 수 없는 선견지명과 예지를 갖추고 있었던 것이다. 제자들은 선생님은 이미 돌아가시고 안 계셨지만, 다시 한 번 그 분의 높은 도와 덕을 기리면서 독실한 신앙인으로 거듭날 수 있었다.

| 태 암 오 명 직

| 우리아이 수도원에서 절을 배운다 |

이천식천
(한울로써 한울을 먹는다)
― 먹고 사는 근본을 배웁니다.

● ● ● 수도의 기적

41 》》》 수련 체험기

온전하고 한결같은 정성과 믿음으로써 먼저 마음을 화하게 하고 또한 기운을 화하게 하면 자연의 감화로 온 몸이 순히 화하나니, 모든 병이 약을 쓰지 않고도 저절로 낫는 것이 무엇이 신기하고 이상할 바이요. 그 실지를 구하면 한울의 조화가 오직 자기 마음에 있느니라.
— 해월 최시형 선생 법설, 제 37장 '기타(其他)' 편 중에서

내가 가리산 수도원을 찾은 때는 보리가 누렇게 황금 들판을 이루고, 미루나무의 새잎은 기름이 흘러 넘칠 듯이 반들거리는 초여름, 88올림픽이 열리던 해 5월 31일이다. 아침 7시에 부산을 떠난 승용차가 밤 10시경, 깜깜하게 어두워서야 수도원에 도착한 것이다.

부산서 강원도 홍천까지 15시간 동안에 도착했다는 것은 차의 성능이 나빠서가 아니라 건강상 느린 속도로 달렸기 때문이다. 또한 도중에 험한 꼴을 당할 수도 있다는 염려 때문이기도 하였다. 운전석 옆자리를 거의 수평으로 젖혀서 누운 자세로 하고, 속력은 차바퀴를 모시듯이 달렸다.

그러니까 82년 1월 20일이다. 그 날 낮에 인천 목재 단지를 하루 종일 돌아보고 저녁 기차를 타려고 서울역에 와서 기다리는 동안 난로 가에 불 쬐고 앉았다가 일어서는 순간 갑자기 내 몸뚱이가 내던져지는 것이었다. 왼쪽다리가 아무런 힘도 감각도 없이 덜렁거렸다. 며칠 후에는 항문까지도 마비되어서 척추 수술을 받게 되었고, 또 그 후유증은 척수 경화로 이어져 전신이 마비되고 말았다.

신체의 운신은 물론 목소리도 낼 수 없었고, 눈에 보이는 것도 평면으로 그림 같이 보일 뿐이었으며, 이미 눈동자는 풀렸다고 말하기도 했고 숨을 몰아쉬다가 의식을 잃었을 때는 몸의 체온까지 내려가 죽음으로 판단되기도 했었다. 내 얼굴 위에 통곡의 눈물이 떨어지며 초상집의 모습도 몇 번이나 어른거렸다.

그 지경에 놓인 나는 정신이 너무도 희미했었다. 그러나 내가 이미 저승에 와 있다 하더라도 주문은 잊지 말아야겠다고 생각했다. 그러나 그 마저 잘 되지 않아서 내가 누운 맞은 편 벽에 염주를 걸고, 내 옆의 벽에도 염주를 걸어서 눈만 뜨면 언제나 염주가 눈에 띄도록 하여 오직 주문만은 잊지 않으려고 노력을 했으나 혼미한 정신은 그것마저 어렵게 했다.

한울님의 감응인지 사경을 헤매면서 두 달 가량이 지날 무렵에서야 1차적인 진전이 있었다. 그토록 하고 싶었던 앉아 보는 일이었다. 아내가 비록 일으켜 주는 것이었지만 하루에 1분을 앉아 보는 일인데, 그러다가 3분을 앉을 수가 있게 되자 이제는 희망도 가지게 되었다. 부산에서는 소문난 종합병원에 입원을 하게 되었으나 침대에 실려 병리 검사 받으러 다니면서 소변이 나오는 사실도 느끼지 못할 정도로 그저 목숨만 붙어 있을 뿐이었다.

  입원 생활로 환경도 나아지고 자신감도 생기자 새벽 4시면 일어나 2시간 묵송을 쉬지 않았다. 휠체어도 탈 수 있게 되자 나는 새로운 삶에 자신감을 갖게 되었다. 그렇지만 의료진들의 판단은 2개월 내지 3개월의 시한부였다. 때로 나 스스로의 생각도 절명 직전의 생명 즉, 꺼지기 직전의 촛불과 같은 최후의 안간힘이 아닌가 하는 생각도 들었다. 하지만 죽음이라는 생각이나 생명을 포기하는 생각은 없었다.

  병원에서는 신체 검진 상 불가능한 기능들이 나에게서 보이자 나의 신체를 연구하려고만 하였다. 병원에서 주는 약도 먹지 않고 몰래 버리는 나로서 병원에 더 이상 있을 필요가 없어서 퇴원을 하고 집으로 돌아와 가만히 생각을 해 보았다. 현실은 나 혼자만 사는 것이 아니었고, 가족의 입장도 생각하여야 할 수밖에 없는 것이다. 지난 7년간 나로 인하여 우리의 가정은 말이 아니었다. 단칸방에 키 큰 내가 24시간 누워 있으니, 애들이 책 들여다 볼 공간도 없어서 밖으로 서성대니 성적은 자꾸만 뒤떨어지고, 안식구도 내 밥 떠먹이고 대소변 받아내면서 살자니 방안은 악취로 가득하고 그야말로 그런 지옥이 없었다. '병원에서조차 시한부를 말하는데, 나 하나 살아보려고 나 혼자만의 자신감에 의지한다는 것은 크게 착각하는 것이 아닐까?' 나는 결론을 내렸다. 즉 어떤 형태로든지 우리 집안에서 내 몸 하나라도 비켜 주는 것만이 나머지 가족들이 살길이라고. 그것은 누가 봐도 그 때 나의 상태로선 스스로 죽음을 재촉하는 길이겠지만, 그러나 그 길밖에 없다는 생각으로 기어코 집을 나서기로 한 것이다.

그러나 가리산에 도착한 여독으로 약 1주일간이나 방안에 드러누워 있어야 했고, 그 뒤 2주일이 지나도 주문소리도 입 밖에 나오지 않았고, 간신히 30분 정도의 수련 시간을 버틸 기력밖에는 못 되었다.

드디어 원장님께서 말씀으로 나타내셨다. "박 선생님! 수련도 기운이 있어야 합니다. 집에 내려 가서서 뭘 좀 드시고 기운을 차린 뒤에 다시 와서 하세요. 네" 그러나 저의 대답은 "원장님! 이번에 저의 각오는 도(道)가 어떤 것인지 갈피라도 잡혀야 내려가겠습니다. 이미 정한 마음이니 변할 수가 없습니다." 이렇게 겉으로는 그럴 듯이 답했지만 속으로는 '원장님! 죄송하지만 제 송장 처리 좀 해 주십시오! 여기서 죽어 나갈 각오입니다. 만일 도를 알아서 살아 나간다면 천만 다행이지만요! 원장님 용서하십시오!' 라고 마음의 다짐을 더욱 새로이 했다.

나는 이렇게 원장님을 괴롭힐 각오조차 되어 있는데 원장님의 정성은 고마웠다. 때로 빨래를 뺏어 손수 해주기도 했고 다른 사람에게 부탁해 주기도 했다.

강원도의 여름은 너무도 바빴다. 1,000여 평의 밭과 수도원을 찾는 사람들의 관리와 상담 그리고 다녀가신 분의 사후 관리, 100여명이 참석하는 개원 기념식 등, 그 바쁜 중에 짜증 하나 없이 원망도 없이 그렇게 밝은 얼굴과 상냥스런 말씨로 덕을 베풀고 쓰다듬어 주시고, 어느 행동 하나에도 사인여천, 물물천(物物天) 사사천(事事天)으로… 말보다는 몸소 실천으로 보여주시는 60대 후반의 할머니, 하지만 한 번도 할머니라는 생각이 들지 않는 분이시다. 때로는 어머님 같고, 때로는 한울님 같으시다가 때로는 선녀 같으시다.

　어느 새 6월도 가고 7월로 접어들었는데 수련도 건강도 진전이 없었다. 세월만 헛되이 보낼 수는 없는 일이다. 뭔가 달라져야지 이대로는 안 되겠다는 생각에 이르자 우선 두 가지 방법을 설정하기로 했다. 하나는 외형적인 방법으로 내적인 정신력을 결부시켜 단단히 각오를 굳히는 것이고, 또 하나는 수련의 방향을 새로이 해 보는 것이었다. 즉 근본을 가장 효율적인 방향에서 찾아보는 일이었다.

　근본이라면 우선 나의 근본을 먼저 찾는 것이 순서라고 생각했다. 나의 근본을 찾으면 그것이 곧 만물의 근본이고 우리의 생명의 근원이며 또 우리 천도교의 신앙의 대상일진데도 이것이 갈피가 잡히지 않는 것이다. 사실 지난 82년 척추 수술을 하던 해 처음으로 왔을 때 원장님께서 '근본을 찾아라' 했는데도 그동안 그 근본을 찾으려 아무리 헤매어도 어렴풋한 허상 속에서 맴돌 뿐 실상이 잡히지 않는 것이었다.

마침 서울로 나가시는 분에게 부탁을 하여 이발 기계를 사서 머리를 삭발하고 매 일주일마다 머리카락을 밀어서 알머리를 하고, 근본을 찾기에 찰나의 시간도 다른 데에 빼앗기지 않으려 정신을 집중시켰다. 며칠을 집중시켜 보아도 잡히는 것은 역시 허상을 벗어나지 못하고 있을 뿐이었다. 그러나 여기에서 의심이 오히려 생기게 되었는데 즉, '무형을 근거로 무형을 찾으니 실상이 없는 것이며, 가까이 두고 멀리서 찾는 것이 아닐까?' 하는 생각이 일었다.

'먼 듯 하나 멀지 아니하니라!' 라는 말씀과 '해음없는 이것들아 날로 두고 그러하냐? 나는 도시 믿지 말고 한울님만 믿었어라. 네 몸에 모셨으니 사근취원 하단 말가!' 라는 대신사님 말씀에 초점을 맞추어서, 내 가장 가까운 유형체인 것으로 우선 내 몸 내 생명의 근원인 한울님을 찾기로 하였다,

내 몸에 모신 한울님이 과연 어디에 있을까? 머리의 골속에 있는 것일까? 아니면 심장 속에 있을까? 혹시 불알 속에 있을까? 이렇게 헤매다가 나의 이 몸이 만들어진 과정을 살펴보게 되었고, 정자와 난자가 만나게 되어 이것이 자궁 속에 착상이 되어서 결국에는 나의 몸뚱이가 된 것인데, 그 시초의 세포는 내 몸의 어디쯤에 위치해 있을까? 하는 쪽으로 방향이 잡혀지게 된 것이다.

그렇다면 그 세포는 스스로의 사명을 다하기 위하여 어머니

의 몸으로부터 영양을 공급받게 되었을 것이고 그 영양공급 줄에 붙어서 내 몸이 자라나게 되었다고 한다면, 그 줄이 바로 탯줄이 아닌가? 만일 그렇다면 배꼽임에 틀림이 없는데 과연 그럴까? 배꼽에서 손끝 발끝까지 길이를 재어 보았고, 단전에 대한 근원과 이유를 이해하게 되었다. 확신을 하게 되자 그 즉시 배꼽에 모든 의식을 집중시키게 되었다.

먼저 오관을 집중시켰다. 손가락 끝으로 위치를 정확하게 확인하고, 의식을 고정시킨 다음에 의식의 눈으로 그 곳을 보고, 의식의 귀로 그 소리를 듣고, 그 소리 그 냄새까지 놓치지 않으려 애를 썼다. 오직 이 방법밖에는 없다고 생각하고 집중해 보니, 우선 잡념에서 완전히 해방이 되고, 다리 저림이나 때때로 생기는 지루함은 없어지고, 시간이 언제 지나가는지 금방 금방 식사 때가 닥치고 하루해가 지나갔다.

이렇게 지내는 어느 날 배 언저리에 벌레 한마리가 기어 다니기 시작했다. 처음에는 속도가 느렸는데 점점 활발하게 움직였다. 정신을 거기에 빼앗기지 않으려 했다. 쉬는 시간에 주위와 옷을 살피고 뒤져보아도 찾을 수가 없어서 그냥 털어버리고 계속 수련에 임하였으나 눈에 보이지 않는 벌레는 수가 많아지고 움직임은 더욱 활발하였다. 그러나 그 벌레 때문에 수련을 다시 멈출 수는 없었다. 벌레의 움직임에 의식을 빼앗기지 않는 것도 수련이라 생각하고 더 더욱 근본 체에 집중해 보니, 마침내 벌레의 느낌은 사라지고 오히려 하품과 트림이 시작되었다. 어떨

때는 입이 다물어지지 않을 만큼 하품이 계속되기도 하였는데, 아마도 이런 현상들은 마비된 내장에 기운이 돌기 시작하기 때문인 것이었다.

이런 속에서 좋지 않은 현상들이 자꾸 가중되었다. 꿀을 발라놓은 듯 찐득한 분비물이 피부로부터 밀려나와 팔 다리와 온몸에 뒤덮었고, 냄새는 닭똥 썩은 냄새로부터 온갖 좋지 않은 냄새가 어디에 숨어 있다가 나오는지 지독하다. 양치질을 해도 소용도 없고 목욕을 해도 금방 또 그렇다. 아마도 이렇게 심한 냄새가 날 만한 물건이라면 또 여기에 찐득거리는 분비물과 함께 모두 모은다면 내 몸뚱이보다도 더 큰 부피가 되리라 생각되었다. 그러나 이 더러운 것에 조금도 정신을 빼앗기지 않기 위하여 정신집중에 가일층 박차를 가하였다.

어느 날 배꼽을 중심으로 따뜻한 기운이 느껴지기 시작하였다. 온 배가 따뜻하게 되니 모든 게 편안하고 넉넉했다. 두려움도 불안도 의심도 없이 오직 태평과 여유 그것 뿐이었다.

이렇게만 되어도 천국인지 극락인지 혼자만이 그렇게 즐거운 나날을 보내고 있는데 이번에는 배꼽 주변으로 점점 넓어지고 열기가 상승하였고, 그 열기의 중앙인 배꼽이 마침내 녹는 듯한 뜨거움이 계속되었다. 그리고 며칠이 가지 않아서 기어코 사건이 터지고 말았다.

배가 아프기 시작하더니 온 배가 속에서부터 꿈틀거리다가 용틀임을 하기에 이르게 되었다. 배를 두 팔로 감싸고 진정을 시키려 하나 뱃속의 심한 요동은 멈출 줄을 모른다. 결국은 화장실까지 가 보았으나 진땀만 빼고 언제나처럼 콩알만한 덩어리 두세 개가 떨어질 뿐이다. 배를 안고 조금 앉아 기다렸다. 이번에는 조금 큰 것, 그러다가 큰 덩어리가 나오다가 나중에는 설사까지 엄청난 양의 변이 쏟아졌다. 그리고 끝에는 개구리의 알 같이 이상한 반투명체가 두 되 가량이 또 쏟아졌다. 무더기로 쌓인 것이 한말은 좋이 될 만한 양으로 보인다.

이렇게 다 쏟아지고 나니 뱃가죽이 등에 들어붙게 훌쭉 들어가 버리니 뱃심이 없고 쪼그린 다리가 저리고 힘이 없어 일어날 수도 없고, 일어나려니 온 세상이 노랗고 어지럽다. 다시 정신을 차려서 앞쪽 문살을 붙잡고 그 위의 문살을 잡고 차츰차츰 겨우 일어나서 지팡이를 짚고 우물로 갔다. 그리고 샘물 두 바가지를 가득 마시고 나서야 세상이 보이고 정신이 차려지기 시작하였다.

다시 수련장에 앉아 있으려니 이번엔 다급한 소식이다. 화장실 가는 도중에 속옷을 적시면서 갔으나 이번에 처음부터 그 반투명체가 한 되 가량 나오더니 그 다음부터는 맑고 깨끗한 물이 좍좍 힘차게 내리꽂힌다.

젖은 속옷을 빨고 수련장에 다시 앉으니 몸이 가뿐하고 정신이 맑고 깨끗하고 집중이 더욱 잘되는 가운데 뜻밖에도 눈앞에 산해진미가 가득한 큰상이 보인다.

휴식하러 나오면서 50대중반의 인품이 중후한 분에게 은근히

물어보았다.

「몇 년 동안 못 보던 것을 오늘 뱃가죽이 등에 붙도록 모조리 배설하였더니, 배가 고파졌는지 새신랑에게 바치는 큰 상이 눈 앞에 보이는데요?」

「허~ 선식을 받았구먼!」

「선식이 어떤 겁니까?」

「신선들의 밥상인데… 지나보면 알아요!」 그 뿐이었다.

뒤에 알아보니 그 당시의 방명록에도 없을 뿐더러 함께 수련한 분들의 말씀에도 그런 분이 없었다고 한다. 어떻든 그 이후에는 밥 생각도 없었고 식사에 함께 참석하며 내 밥은 옆 사람에게 나누어 주고 물만 먹으면서 7일간을 지나다가 아무 준비과정 없이 바로 밥을 먹어도 어떤 문제도 일어나지 않았고, 밤이면 아기같이 부드러워진 내 뱃가죽을 쓰다듬으면서 기분 좋게 잠이 들곤 하였다.

그러던 어느 날 어디선가 아카시아 숲의 상큼한 향기가 풍기더니 유리같이 투명한 흉상이 보이면서 그것이 내 모습이라 한다. 그래서인지 정신은 더욱 맑고 상쾌하고 눈에 보이는 것은 모든 것이 싱싱하고 깨끗하다. 이때부터 오전이면 점심 때 먹을 밥상의 차림새가 미리 보인다든지 멀리 가족들의 생활모습이 보이는 등 나 개인적인 것으로부터 국가적 국제적 중요사가 나타나기도 했고 또 방문인들로부터 이러한 사실들이 하나하나 증명되기도 했다. 그러나 듣기만 했었고 어느 하나도 미리 알았다는 말은 하지 않았다.

그렇게 한 일주일 지나니 이번엔 어디서인지 은은하게 들찔레 꽃향기가 풍기더니 약간은 노르스름한 빛이 돌면서 무슨 빛살이 비치는 듯한 수정 같은 물체의 내 모습을 보게 되었고, 보이는 모든 것이 한없이 아름답고 맑고 찬란하게 보인다.

이로부터 머리가 청명하게 맑아졌다. 이렇게 맑아도 괜찮은 걸까 싶을 정도다. 뭐든지 다 알 것 같다. 서울대가 아니라 하버드대에 갖다놔도 장학생이 될 것 같은 생각이 들었다. 아마 이런 때에 특별한 능력이 생기는 것 같다. 그러면 나는 어떤 능력을 선택할 것인가? 감히 이런 생각을 하게 되었고, 머리를 굴리기 시작하였다. '차력술이나 영적인 능력을 가진다 해도 일시적이거나 나 혼자만 이용할 뿐인 것이지만, 그러나 이치를 알게 되면 세상 사람들과 더불어 널리 활용할 수 있겠다는 생각이 들었고, 스스로 보기에도 아주 잘 선택한 것이라 여겨져 그 방향으로 나가기로 했다.

또한 천도란 대우주 모든 것의 보편적 원리를 뜻하는 단어로서 우주의 어떤 것에든지 다 적용이 되어져야 천도인 것이지 어느 일부분에만 적용되는 것이라면 이를 천도라 이름 할 수 없다는 생각과 함께 방향을 천도에 두었고, 사실은 이때부터 나름대로 이 부분에서 상당한 진척을 보아왔다.

예를 들면, 천도의 보편적 원리가 무엇인가에 대한 답이 눈앞에서 글이나 도형으로서 전개되는 것이다.

예를 들면,

'曰天道也

曰然則何理以名之

曰受其無往不復之理

'천운이 순환하사 무왕불복 하시나니'

'春秋迭代 四時盛衰 不遷不易 是亦天主造化之迹 昭然于天下也'

'四時盛衰 風露霜雪 不失其時 不變其序…' 등

이렇게 시작한 것이다.

이미 경전에 있는 글이지만 이해하기 쉽도록 배열을 바꾸어서 눈앞에 나타나는 것이었다. 이와 같이 천도의 원리를 하나하나 이치와 현상계를 비교 확인해 나가는 재미는 어디에도 비교할 수 없는 기쁨이었다.

그러나 돌이켜 생각해보면 얼마나 인간의 어리석은 선택이었단 말인가? 아무리 이치를 안다 해도 제대로 활용하지 못한다면 무슨 소용이 있단 말인가? 한울님께서 이끌어주시는 대로, 알려주시는 대로 가만히 따라만 가주면, 가장 효과적이고 적절한 방향으로 이끌어 주실 텐데…, 왜 그렇게 건방지고 경박한 짓을 했는지 지금 생각하면 후회가 막급이다.

그러는 사이에 9월이 왔다. 아침이 되면 차가운 바람이 산골을 타고 내려왔다. 피부에 닿으니 온 몸이 시리고 아리고 저려서 견딜 수가 없다. 마비되었던 몸에서 새로 살아난 여린 신경의 민감한 반응이다.

　욕심 같아서는 이렇게 머리 맑고 공부가 잘 될 때 가능한 한 오래 남아서 천도공부에 매진하고 싶었으나, 산골의 찬바람을 이겨내지 못하고 105일의 날짜 채우기에 급급했다.

「아! 무궁한 한울님의 덕이여!」

　지금도 그 때를 생각하면 가슴이 저려오고, 진한 감동을 느끼게 된다. 맑아지는 정신과 신선하게 솟아나는 새로운 기운의 그 느낌을 글로서 다 표현할 수는 없을 것 같다. 어제의 내가 아닌 새로운 나로서 거듭 태어났다. 이토록 거룩한 한울님이 은덕을 받을 수 있도록 돌봐주신 원장님과 헌신적으로 가정을 이끌어 준 아내에게 진심으로 감사를 드린다. 그 은혜에 보답하는 길은 오직 참다운 한울 사람으로서 충실하게 한울님의 뜻에 따르는 길이라 생각하고 오직 교회와 사회에 헌신하는 일에서 하루하루 보람을 찾고 있다.

│ 경주 용담 수도원장 자암 박 남 성

| 우리아이 수도원에서 절을 배운다 |

수도원장
에게 감화되어 절을 하고 하산합니다.

● ● ● ● 수도의 기적

42 〉〉〉 수명 연장의 체험

육신은 백 년 사는 한 물체요, 성령은 천지가 시판하기 전에도 본래부터 있는 것이니라. 성령의 본체는 원원충충하여 나지도 아니하며 멸하지도 아니하며 더하지도 않고 덜하지도 않는 것이니라. 성령은 곧 사람의 영원한 주체요, 육신은 곧 사람의 한 때 객체니라.
— 의암 손병희 선생 법설 제 12 장, '이신환성설(以身換性說)(1)' 중에서

이 이야기는 제가 수련을 시작하여 만 3년이 되던 해(포덕 128년, 1997년) 7월 10일 실제로 있었던 이야기입니다. 그러니까 제 나이 34살이 되던 해입니다. 지금 생각해도 3년 동안 어떻게 그렇게 공부를 할 수가 있었는지 제 스스로에게 박수를 보내고 싶습니다.

그 때는 수도원에서 수련이 있다는 소식만 들으면 무조건 보따리를 싸고 수도원으로 달렸습니다. 그리고 집에서는 쉬지 않고 주문(지기금지 원위대강 시천주 조화정 영세불망 만사지)을 외우는데 전력을 다 했으며 한 동안은 하루 2시간 정도 잠을 자고 경전을 보며 주문 외우는 일만 거듭했습니다.

포덕 128년 7월 2일 부산시 교구에서 월례 수련을 하는데 (지금도 부산시 교구에서는 매월 1일부터 7일까지 월례수련을 하고 있음) 눈앞에 마름모 모양의 형상이 보이고 위쪽에는 무(無), 아래쪽에는 본자리, 오른쪽에는 무선무악(無善無惡), 왼쪽에는 불생불멸(不生不滅)이라 새겨진 글이 보이고 동시에 커다란 옥색 빛을 발하는 동그란 물체가 보이며 그 옆에 아주 작은 점 하나가 보이는데 그 또한 옥색 빛을 발하고 있었습니다.

그 순간 저는 본래의 '나'는 형상이 없는 곳에 있었고 이렇게 세상에 나타나 있을 때는 개체로 존재하다가 육신을 떠나면 본자리인 무선무악하고 불생불멸의 존재로 환원(還元)한다는 사실을 깨달았습니다.

"나는 죽지 않는다! 나는 죽지 않는다!"

환희, 기쁨, 감사함…. 이 세상은 아니 온 우주가 분명히 모두 내 것이었습니다. 그렇게 월례수련을 마치고 집에서 공부를 계속하고 있는데 7월 8일 아침 저는 저 자신이 대신사님(수운 최제우)의 모습으로 바뀌었음을 느낄 수가 있었습니다. 갓을 쓰고 선비들이 입는 옷을 입고 영락없는 대신사님의 모습으로 바뀌었습니다. 급히 거울에 내 모습을 비춰보니 육안으로 보이는 나는 내 모습 그대로인데 전 확실히 대신사님으로 변해 있었습니다.

8일부터 10일까지 3일 동안 내 몸에는 대신사님의 성령이 출세해 계셨습니다. 그 3일째 되는 아침나절에 어느 아주머니가 잠그지 않고 닫아만 놓은 대문을 빼꼼히 열고 무엇이든 한 숟갈 시주하라 말씀하시면서 들어왔습니다. 무슨 말인지 알 수가 없어 다시 물으려하는데 한 부인이 뒤따라 들어오면서 합장하여 절을 하고는 "이 동네를 두루 돌았는데 이 집 주위에 맑은 기운이 가득히 있어 염치를 무릎 쓰고 들어 왔노라"며 잠깐 마루에 올라도 되겠느냐고 물었습니다.

  그 날 마침 시누이가 놀러와 있었고 옆방에 사는 아줌마도 대청마루에 나와 이야기를 하고 있던 중이었기에 그러라고 했습니다. 나중에 들어온 그 분의 모습은 마치 미륵 부처의 형상과 흡사하다는 생각이 들었는데 큰 얼굴이며 귓밥이 축 늘어진 귀 모양하며 아무튼 보통사람의 모습과는 사뭇 다른 모습을 하고 있었습니다. 자리를 잡고 앉아서는 이야기를 시작하는데, 그 분은 구인사에 기거하고 있는 손 보살이라 하였습니다. 그 분의 말씀을 요약하자면 다음과 같습니다.

  손 보살이 새해 아침에 주지스님께 인사를 드렸더니 말씀하시길 부처님께 특별치성을 드려야 올해를 무사히 넘길 수 있다 하였답니다. 그래서 그 방법을 물었더니, 구인사에서 치고 있는 벌꿀 세 병을 가지고 새벽에 출발하여 아직까지 한 번도 인연을 짓지 않은 사람을 만나 벌꿀 세 병을 칠만 칠천 원을 받고 판 뒤, 그 돈을 다 주고 다기 (청수 떠서 부처님께 치성 드리는 그릇)를 사서 그 날로 구인사로 돌아와 청수를 떠 놓고 치성을 드리면 무사히 해를 넘기고 수명을 연장할 수 있다는 것이었습니다. 그래서 스님이 말씀하신 대로 오늘 새벽에 길을 떠났는데 부산 영주동에는 올케가 살고 있는지라 이리로 왔고 여러 집을 소개해 줬지만 마음이 내키지 않아 팔지 않았는데 우리 집 주위의 기운을 느끼고 들어 왔다 하면서 벌꿀 세 병을 사 줄 것을 간곡히 요청하였다는 것입니다.

전 벌꿀 세 병이 필요하지도 않고 그만한 돈도 없어 살 수가 없다고 했지요. 그랬더니 이 손 보살은 한 평생 살아 온 이야기를 시작하였습니다. 20살에 시집을 가니 남편은 폐병 말기 환자였다 했습니다. 그래서 시어머니 되는 분은 남편과 합방을 못하도록 첫날 밤부터 누에고추실을 밤 새워 뽑게 하였는데 1달이 되니 남편은 환원을 하고 말았다는 겁니다.

그래서 친정을 찾아가니 친정아버지께서 출가외인이라 하시면서 대문을 잠그고는 열어 주지를 않아 하는 수 없이 다시 시댁으로 돌아왔으나, 시어머니와 함께 살 방도가 없어 논 30 마지기와 벌통 15개를 가지고 구인사로 들어와 몸을 의탁하고는 그 날부터 무슨 뜻인지도 모르고 관세음보살만을 외우며 절에서 생활을 하는데 어느 날 사람을 보니 그 사람의 수명이 보이고 숙명이 보이고 그 사람의 신체 어느 부위에 병이 있는 지도 보이는 신통력이 생겼더라는 겁니다.

그래서 그동안 많은 사람들의 병도 고쳐주고 애로점도 도와주어 재물은 평생을 써도 모자라지 않을 만큼 모아 놓았다 했으며 그 날도 양손에 끼고 온 금반지만도 수월찮은 양으로 보였으니 거짓이 아닌 듯 했습니다. 지금까지 시어머니와 잘 지내고 있으며 그 해로 65살이 되었고 구차한 목숨 그냥 가면 되는데도 주지스님의 가르침으로 좀 더 살아보겠다고 치성을 드리기 위해 오늘 이렇게 왔노라 사정을 하였습니다.

그래서 제가 말씀드렸습니다.
"우리 천도교는 3년 만 정성껏 공부를 하면 누구나가 다 죽지 않는 법을 터득하게 되는데 무려 45년 동안 관세음보살을 외우며 수도생활을 하시고 남의 숙명도 수명도 병도 다 고쳐 주시고는 정작 자신의 수명도 모르고 아직도 죽지 않는 법을 깨치지 못 했으니 참으로 안타까운 일이 아닐 수 없습니다."

그리 말씀을 올리고 생각하니 오늘까지 3일 동안 대신사님의 성령이 내 육신에 출세해 계심이 이 심법이야말로 나의 육신의 수명을 연장하는 법도 있으려니와 타인의 수명도 연장 할 수 있는 능력이 있음을 직접 체득시키지 위함이라는 생각이 들어 벌꿀 세병을 사 주었습니다. 그랬더니 몇 번이고 합장하고 절을 하고 떠나면서 말하기를 해마다 10월 말일에는 벌꿀을 뜨니 꼭 오게 되면 오늘 받아가는 칠만 칠천 원도 돌려주고 차비와 벌꿀도 드리고 밤도 한가마 주겠다며 놀러 오라고 신신 당부를 하고 떠나갔습니다.

그 다음 날 아침이 되니 전 본래의 제 모습으로 다시 돌아 왔고 그 몇 년 동안 그 분을 생각하면 건강하게 살아 있음이 느껴지더니 몇 년 전부터 그 기운이 운절됨을 느꼈습니다. 한울님의 가르침은 아무리 어리석은 사람이라 할지라도 명확하며 지혜의 문을 열리게 하시고 한울과 같은 능력도 때에 맞게 주시며 일일이 간섭하고 있음을 체험을 통해 확신할 수 있었습니다.

| 수인당 손 윤 자

● ● ● 수도의 기적

43 〉〉〉 나의 수도 체험

> 성품을 보는 사람의 「나도 없고 마음도 없고 몸도 없고 도도 없다」는 주장으로 신통력을 비방하나니, 이는 신통력이 자연히 성품과 마음 수련하는 데서 생김을 알지 못하고 다만 철학의 협견으로써 비방하는 것이니라.
> ― 의암 손병희 선생 법설 『무체법경(無體法經)』 '성심신삼단(性心身三端)' 중에서

포덕 98년 11월 60년 만의 추위라는 겨울날, 불을 넣지 않은 봉황각에서 냉방 아닌 얼음방에서 잔 뒤, 새벽 4시 30분에 기상하여 성사님께서 목욕하시던 개울에 나가 얼음을 깨고 얼음물에 목욕을 했습니다. 그런 뒤 얼음물을 길어가지고 들어와 얼음물로 걸레를 빨아 닦았지만, 방이 닦아지는 것이 아니라 걸레가 미끄러져 나가는 것이었습니다. 그래서 마른걸레로 닦으면서 49일을 독공을 했는데, 추운 줄도 몰랐습니다.

그 뒤 속초교당에서 백일기도를 할 때에는 의암성사님께서 성령으로 출세하시어 교당나무를 자세히 살펴보시고 가셨습니다.

설악산 동굴에서 백일기도를 할 때는 한울님께서 천지인 삼재의 이치를 가르쳐 주시되 "만일 한울만 있고 사람이 없으면 한울이 있고 없음을 누가 말하며 누가 효경하는 도로써 천지를 공경히 받들겠느냐? 그러므로 한울은 사람을 위해 서 있고 사람은 한울을 위해서 있는 것이다. 마치 부모는 자식을 위해서 있고 자식은 부모를 위해서 있는 이치와 같다"고 밝게 가르침을 주셨습니다.

강원도 화천 화악산 수도원에 49일 기도를 할 때는 춘천의 한 기자님이 화천 교구 소속 학생 5명을 데리고 올라와 수련을 하시면서 점심시간에 한 시간만 강의를 해 달라고 하였습니다. 그리하여 강의를 하는데 연못의 개구리 수 십 마리가 올라와 필자의 어깨에까지 오르락내리락하자 학생들은 깜짝 놀라면서 "저것 봐라 저것 봐라 개구리들이 선생님의 어깨위에 오르락내리락하면서 논다. 만일 우리가 접근하면 어떻게 하나 보자"고 하면서 한 학생이 필자에게도 접근하자 개구리들은 밖으로 도망했다가 접근한 학생이 제자리로 가서 수련을 시작하자 개구리들은 되돌아 들어와서 필자의 귀에 까지 오르내리면서 노니다가 필자가 한 시간 강의를 마치고 내려올 때야 같이 내려오다가 연못으로 들어갔습니다.

다음 날에는 산을 내려가는데 산토끼 한 마리가 뛰어 올라오다가 필자와 마주쳤습니다. 나 또한 내려갈 수가 없고 토끼 또한 올라갈 수가 없어 나는 토끼를 내려다보고 웃고 토끼는 나를 바라보고 잠시 생각하더니 길을 피해 줌으로 나는 내려가면서 토끼를 돌아보고 토끼는 올라가면서 나를 돌아보는 것이었습니다.

 개구리가 나와 같이 놀고 산토끼가 길을 비껴준 것은 한울님의 영기로 욕심 없이 살기 때문에 슬기 구멍이 가려지지 않아 내가 자신들을 해칠 마음이 없음을 알았기 때문입니다.

 그러나 사람 역시 한울님의 영기로 살지만 욕심이 많기 때문에 슬기 구멍이 가려져 수도자가 이신환성이 된 것을 전혀 모릅니다. 강원도 화천군 시내 용담리 용담 수도원에서 천일기도를 할 때는 오래된 폐병과 축농증이 물약자효가 되기도 했으며, 차에서 내려 나에게 오는 사람의 인적 사항이 자세히 보이기도 했습니다. 화악산 수도원 초대 원장으로 천일기도 시에는 천도의 체계도를 33매로 그려낼 수 있는 가르침을 주셔서 영감으로 그려낸 것이 천도의 체계입니다. 이 천도의 체계는 대학교수들이 제일 선호합니다.

 적멸굴에서 49일 기도 시에는 대신사님께서 성령으로 출세하시어 마주 앉으셔서 말씀하시기를 "사람이 천지부모님의 자식으로 태어나기는 쉬워도 천지가 부모인 이치를 깨닫기는 어렵고, 한울님을 길이 모시기로 중한 맹세를 하기는 쉬워도 한결같이 한울님 섬기기가 어렵고, 부모님의 자식으로 태어나기는 쉬워도 부모님에게 효도하기가 어렵고, 부부가 만나기는 쉬워도 화순하기가 어렵고, 사람이 태어나기는 쉬워도 거듭나기가 어럽고, 사물을 대하기는 쉬워도 흘러가는 물이라도 가려서 아껴 쓰기가 어렵다"는 가르침을 주셨습니다.

용담 수도원을 지을 때는 수운 대선생께서 성령으로 출세하시어 용담 수도원을 건립할 수 있는 종교적인 지혜와 능력을 주시고 완벽하신 가르침 주셨기 때문에 제가 스승님의 가르치심을 받아 하자 없이 수도원을 지을 수 있었습니다.

| 한 태 원 선도사

● ● ● 수도의 기적

44》 한울님의 능력

한울님께 받은 재주 만병회춘 되지마는 이내 몸 발천되면 한울님이 주실런가 주시기만
줄작시면 이내 선약 당할소냐
— 수운 최재우 대선생 「동경대전」 '안심가' 중에서

저는 31살 되던 해(포덕 125년, 1994년) 여름부터 공부를 시작하였습니다. 그 해 여름에 처음으로 용담정에서 실시하는 전국 여성회 수련에 참가하여 수련을 하였고 한울님 모심의 체득, 한울님의 가르침을 받는 공부를 하기 시작하였습니다. 용담정에 계시던 법암 김근오 선생님의 말씀은 제게 있어 사람의 말씀이 아니었고, 모습 또한 나와 같은 사람으로 보이지 않았고 신선의 모습이 아마도 저러하리라 여기며 말씀 놓치지 않고 모두 다 이 가슴으로 받아 드렸습니다. 그 때의 제 심정은 사람이라면 저렇게 높은 말씀, 저렇게 적실한 말씀, 저렇게 가슴 적시는 말씀을 할 수가 있지 않을 것이라 여겼습니다. 그러한 마음가짐

탓인지 법암장님의 말씀들은 한 말씀도 빠짐없이 제 가슴 속에 새겨졌습니다. 가르쳐 주시는 대로 믿고 수련을 하였습니다.

  3일째 되는 날 앉아서 현송으로 주문을 외우고 있는데 무릎 위에 놓인 두 손이 굳어지는 느낌이 들었습니다. 그래도 눈을 뜨면 안 되는 줄 알고 그 시간 눈을 뜨지 않고 주문을 외었습니다. 다음 시간이 되어 다시 주문 공부를 시작하니 다시 두 손이 굳어지고 몸이 굳어지는 느낌이 있어 그 때는 용기를 내어 눈을 뜨고 살펴보니 무릎 위에 놓인 두 손이 엄지와 집게손가락은 조금 펴진 상태이고 나머지 손가락은 쥐어진 상태로 딱 굳어 있어 내 의지대로 손을 움직이려 해도 움직여지지가 않았습니다. 눈물은 하염없이 쏟아졌고 감사함이 솟구쳤습니다.

  "이것이구나! 바로 이것이야! 내 의지가 아닌 그 무엇이 나를 통제하고 있는 이 것, 이것이 바로 내 몸에 모셔져 있는 한울님이구나."

  한울님의 존재를 확인하고 인정하며 감사함에 참회의 눈물이 밀물처럼 밀려오는데 감당하기가 힘들 정도였습니다. 감응의 도가니가 바로 이런 것이라고 생각했고 또 기분은 얼마나 좋은지 "좋을시고! 좋을시고!" 감탄의 노래가 절로 나오는 것은 물론이요, 그때의 그 기분 그 마음을 달리 표현 할 길이 없어 '오색구름을 탄 느낌' 이 이럴 것이라 여겼습니다.

  그 시간이 지난 뒤 저는 눈도, 귀도, 입도, 느낌도 다 바뀌었습니다. 세상의 모든 사물들이 이전과는 너무도 다르게 보였습니다. 용담정 마당의 자갈들이 얼마나 빛을 발하는지 작은 풀꽃이 꽃을 피운 것은 어쩌면 그리도 소중하고 아름답던지, 마주하는 사람들의 눈들은 왜 그렇게 빤짝거리는지, 온 세상은 황홀경 그 자체였습니다. 오색구름을 타고 황홀경의 경지에서 일주일의 일정을 마치고 집으로 돌아왔습니다.

저는 부산 영주동이라는 동네에 살고 있었는데 우리가 사는 뒷집에 제 남편과 의형제를 맺은 형님네가 살고 있었습니다. 그 날도 경주 용담정을 다녀왔다고 인사차 들렸더니 형님이 지병이 도져서 반듯하게 누워서는 꼼짝도 못하고 대학생인 둘째딸이 간호를 하고 있었습니다. 이 형님은 1년에 두 번씩은 꼼짝도 못하고 며칠 씩 누워있어야 하는 병이 있었는데 병증이 나타나게 되면 왼쪽 젖가슴 밑에 주먹만 한 것이 붉어져 나오며 옴짝달싹도 못하고 그 물건이 다시 잦아질 때까지 기다리는 기이한 병이 있었습니다. 병원에서도 무슨 병인지 병명도 정확하게 밝히지 못하고 그저 화병이라 하면서 대수롭지 않게 말하는데 정작 본인은 그 병증이 나타나게 되면 우선 수족을 움직일 수가 없어서 여간 고통스러워하는 것이 아니었습니다.

그 날도 그 병이 도져서 반듯하게 누워서는 꼼짝도 못 하고 있었습니다. 그 광경을 바라본 저는 일주일 동안 수련하면서 한울님 모심을 처음으로 체험하고 믿고 확신했으니까, 한울님의 능력이 얼마나 큰지 또 한울님의 기운이 작용하게 되면 만병이 통치되는지, 내게 모신 한울님이 그 능력을 발휘해서 한울님의 간섭으로 눈앞에 계시는 형님을 낳게 할 수 있는지를 직접 확인해 보고 싶었습니다. 그래야만 할 것 같았고 그래야만 한울님을 믿는 마음이 돈독해 질 것 같았습니다. 그래서 간절히 심고하였습니다.

"한울님 스승님 감응하옵소서! 한울님의 능력을 제가 이 눈으로 직접 확인하여 믿을 수 있도록 감응하여 주시옵소서! 단 확인하고 두 번 다시 쓰지 않을 것을 고하옵니다."

심고를 하고는 형님의 다리부터 두 손으로 지압을 시작했지요. 전 그 순간 모든 것을 한울님께 맡기고 내 손이 움직이는 대로 그대로 두었습니다. 그랬는데 손으로 누르고 손을 떼면 그 자리에는 작은 동그라미 형태의 멍이 나타나기 시작했고 그렇게 사지를 다 만지고 나니 스스로 손은 멈추어졌고 형님의 사지는 푸른 반점으로 가득했습니다. 전 "형님 한번 일어나 보시지요."라고 말을 했고 형님은 바로 일어났고 "한 번 걸어 보시지요." 라고 했더니 방안을 이리저리 걸어 다니면서 팔을 올렸다 내렸다를 반복하더니,

"아이구 참 이상 하네! 아이구 참 이상 하네!" 하시면서 한 참을 방안을 왔다 갔다 하시더니 앉아서 첫 마디가 "태호 누메 니가 반 무당이 되었다." 우리 집 큰 아이 이름이 '태호' 입니다. 그래서 저를 부르는 호칭이 태호 엄마인데 남해 사투리로 '태호 누메' 라고 불러 왔습니다. 간호하고 있던 딸이 옆에서 이 광경을 다 보고는 "숙모 경락 공부를 했나요?" 라고 물었습니다. 전

지금도 경락 공부를 안 했기 때문에 몸의 어느 부위에 무슨 경락이 있는지를 전혀 모릅니다.

  그 일이 있은 후에 그 형님은 그 지병을 두 번 다시 앓지 않았고 지금까지도 건강하게 잘 살고 있습니다. 마음공부를 하는 우리에게는 믿는 마음이야말로 무한한 능력을 발휘할 수 있는 바탕이 됨을 확인하는 소중한 체험이 되었고 지금까지 천도교인으로써 자긍심을 갖고 사명감을 잊지 않는 신앙인으로서 살 수 있는 최초의 제 실제 체험이 되었음을 말씀드립니다. 감사합니다.

| 수인당 손 윤 자

| 우리아이 수도원에서 절을 배운다 |

남편
이 한울님인 아내에게 절을 합니다.

● ● ● 수도의 기적

45 〉〉〉 한울님의 조화

성경이자 지켜 내어 한울님을 공경하면 자아시 있던 신병 물약자효 아닐런가.
— 수운 최제우 대선생 『용담유사』 '권학가' 중에서

내 나이 21세 되던 해 8.15해방이 되어 공산당에 의해 청우당(靑友黨)이 지목과 감시를 받게 되자 월남을 하게 되었다. 그러나 월남한 지 3년도 못되어 6.25동란이 일어났다. 내가 있는 춘천 시내에도 인민군이 들이 닥쳤다. 봉이산에서부터 춘천시내로 기관총이 빗발치듯 쏟아지기도 했다.

그 때 우리 가족은 3명이었지만 당시 경찰이었던 시댁 조카가 공산당을 피해 다니면서 어린 아이 셋을 내게 맡겨 놓은 터라 모두 6명을 돌보고 있었다. 인민군들의 횡포는 나날이 심해져 갔다.

하루는 갑작스런 폭격으로 동네주민 40여 명이 한꺼번에 반

공호로 피해 들어갔다. 그런데 갑자기 인민군이 나타나 무차별 총격을 가하기 시작했다. 요란한 총성과 비명소리, 아비규환의 굴속에서 정신을 잃었고, 한참이 지난 오후 무렵 동네사람이 들어와 일어나라고 고함을 쳐서 깨어보니 온 가족이 살아남은 것은 유일하게 천도교를 믿던 우리집안 사람뿐이었다. 신기하게도 총상 하나도 입질 않았다.

주위엔 죽어 쓰러진 시체들과 가족들의 죽음을 슬퍼하며 울부짖는 사람들로 아비규환이었다. 나는 가족 6명을 데리고 죽은 시체더미를 헤치고 나왔다. 한 손엔 염주를 꼭 쥔 채로. 그리고는 집에 돌아와 마음을 진정시키며 피로 범벅이 된 가족들의 옷과 몸을 씻은 후 어둡고 컴컴한 방안에서 숨을 죽이며 날을 지새웠다.

아침이 되니 인민군들이 다시 나타났는데, 그 중 한 장교가 가슴에 총부리를 대고 남편은 어디 있는지, 경찰인지 군인인지 대답하라며 협박을 했다.

"남편은 병으로 죽고 혼자 아이들을 키우며 삽니다."라고 대답하니 그 인민군 장교는 거짓말이라며 그냥 방아쇠를 당겼다. 나는 너무 놀라 얼어붙은 듯이 그 자리에 섰는데 이상하게도 총이 발사되지 않았다. 장교가 옆에 있던 병사에게 총을 빼앗아 다시 쏘았는데 다시 불발이 되는 것이었다. 이 무슨 조화란 말인가?

죽음의 문턱 앞에서 돌아온 심정은 겪어보지 못한 사람은 알 수 없을 것이다. 그 순간 "이것이 진정한 한울님의 조화로구나" 라는 생각이 가슴 속 깊은 곳에서 메아리쳤고 입에서는 주문이 저절로 흘러나왔다. 여기서부터 나의 믿음은 더욱 굳건해지고 한울님에 대한 생각이 간절하여 온 종일 주문으로 생활을 하게 되었다. 그러다 보니 남들은 거짓말이라고 할지 모르지만 어느 사이인가 한울님의 가르침을 받고 유방암이라는 불치의 병도 완치되었으며 이름 석 자 밖에 쓸 줄 모르는 상태에서 제법 글도 깨우치게 되었다. 한창 주문 수련과 경전공부를 하며 지내다가 이윽고 한울님의 뜻으로 수도원을 개원하여 수많은 사람들을 지도해왔으며 지금도 마음과 성품공부에 한층 더 집중하고 있다.

| 가리산수도원 원장 은성당(隱誠堂) 조 동 원

| 우리아이 수도원에서 절을 배운다 |

세상
사람들이 서로 절을 하면 지상천국입니다.

● ● ● 수도의 기적

46》》 도래삼칠자 항진세간마(圖來三七字 降盡世間魔)

태극은 현묘한 이치니 환하게 깨치면 이것이 만병통치의 영약이 되는 것이니라. 지금 사람들은 다만 약을 써서 병이 낫는 줄만 알고 마음을 다스리어 병이 낫는 것은 알지 못하니, 마음을 다스리지 아니하고 약을 쓰는 것이 어찌 병을 낫게 하는 이치이랴. 마음을 다스리지 아니하고 약을 먹는 것은 이는 한울을 믿지 아니하고 약만 믿는 것이니라.
― 해월 최시형 선생 법설, 제 8 장 '영부주문(靈符呪文)' 중에서

대신사(수운 최제우)께서 "도래삼칠자 항진세간마(圖來三七字 降盡世間魔)"라 말씀하셨듯이 주문을 지극하게 외우면 사특한 것이 모두 물러갈 뿐 아니라, 주문에 내포되어 있는 초능력까지도 얻을 수 있다는 사실을 아는 사람은 별로 없는 것 같다. 그래서 주문의 능력을 조금이라도 실증하기 위해 실제로 경험한 바를 여기에 소개하고자 한다.

의학이 고도로 발달되어 있는 현대에도 '암'이란 불치의 병으로 널리 알려져 있다. 그러나 이 '암'이라는 불치의 병도 정성이 담긴 지극한 주문으로 나을 수 있다는 확신을 여러 번에 걸쳐 경험한 바가 있다. 강원도 홍천군 두촌면 전치리 2구 평내 1

반에 사는 백태수라는 분은 1981년 9월 초에 암이 발병하여 처음에는 소화가 안 되고 식욕이 없어지며 허탈해지기 시작했다. 병원에 갔으나 대단치 않다 하여 약만 먹고 몇 달이 지났다. 그러나 1982년 2월에 들어 병세가 더욱 악화되어 원주, 춘천, 서울 등 7, 8군데 유명 병원에 다녀본 결과 '위암' 이란 진단이 나오고 3개월밖에 살 수 없다는 사형선고를 받았다.

실의 속에 나날을 보내던 이 분이 홍천에 용한 한의원이 있다는 얘기를 듣고 혹시나 하는 마음에 우리 집을 찾은 것은 1982년 5월 10일 경이었다. 그것은 저의 바깥 주인이 한의원을 하고 있기 때문이었다. 진찰 결과 역시 의학으로는 불가능하다는 진단이 내려졌다. 그러나 저의 바깥주인은 한 사람의 생명도 구하고 또 포덕 사업도 하실 겸 주문의 힘을 빌리기로 하고 나에게 모든 것을 위임하였다.

그 날로 나는 그 환자에게 수련에 대한 지극한 정성을 설명하고 천도교에 입교하면 나을 수 있다는 확신을 주었다. 그래서 동년 5월 23일 입교식을 하고 수련을 시작하였다. 워낙 허약한 환자였기 때문에 처음에는 주문을 외우는 것조차 힘이 들어서 10분이나 20분을 참지 못하고 눕기가 일쑤였다. 그러나 나의 극진한 강령치료 덕분인지 시작한 지 2, 3일 후에는 많은 차도가 있었다. 기분이 좋아진 환자는 일어나서 잠깐 이야기도 할 정도가 되었다. 그럴수록 나는 온 정신을 다하여 병을 나을 수 있도록 온 정성을 다 쏟았다. 그러다 보니 어느 덧 내 자신이 기

진맥진하여 춘천의 지성당 사모님을 청하여 도움을 부탁하는 지경에 이르렀다.

사모님과 같이 3일을 하고 나자 병세는 더욱 호전되어 환자는 우스갯소리를 해서 우리를 웃길 만큼 기분이 좋아졌다. 그러나 아직도 수련에 대해서는 자신감이 서 있는 것 같지가 않고 조금 힘들면 눕곤 하였다. 그래서 환자에게 힘을 주고 정신을 가다듬게 하기 위해 자극적인 말을 하기도 했다. 그 결과인지 환자는 좀 더 열을 내서 수련을 하는 것 같아서 이 기회에 강령을 모시기로 작정한 나는 남편에게까지 도움을 요청하여 드디어 6월 2일 오전 11시 낮 기도식에 강령을 모시는데 성공했다.

이 때의 기쁨은 정말 말로 표현할 수가 없었다. 나의 정성에 한울님께서 감응하셨는지 모셔놓은 청수가 불어 오르는 영적까지 보게 되었다. 이렇게 힘들인 결과 환자도 자신을 갖게 되어 별로 눕는 일도 없어지고 생기가 돋고 얼굴에는 화기가 돌게 되었다.

이렇게 2주일 간의 수련이 끝나자 못 하던 식사도 잘 하게 되고 응어리졌던 암은 모두 풀려 병이 낫게 되었다. 너무도 기쁜 나머지 환자는 우리 천도사업의 고충을 듣고 자기가 살고 있는 동네에 수도원을 할 만한 집이 있다는 얘기를 하기에 이르렀다. 환자가 병이 나아서 집으로 돌아가게 될 때 같이 그 동네에 함께 가게 되었다. 그 날 내가 받은 가슴 뿌듯한 보람은 그 동안의 고충을 모두 잊게 해 주었다. 죽는다는 사람이 병이 나아온다는 말을 듣고 친척과 이웃들은 기쁨과 경이의 엇갈리는 눈으로 나를 바라보았다. 그 모습을 본 나는 이 모든 것이 내 몸에 모시고 있는 한울님의 능력, 곧 지극한 주문의 능력이라는 것을 또 한 번 확신하게 되었다.

| 가리산 수도원 원장 은성당 조 동 원

● ● ● 수도의 기적

47. 우리를 지켜준 한울님

가중차제 우환없어 일년삼백 육십일을 일조같이 지내나니 천우신조 아닐런가
—수운 최제우 선생 용담유사, '권학가' 중에서

3년 전 지난 추석 때 일이다. 장남이기 때문에 명절 음식은 항상 내 수도가 도맡아 준비하고 온 가족이 함께 모여 차례 음식을 준비한다. 특히 내수도는 끝까지 음식 장만을 마무리하느라 밤을 새곤 한다. 뒤 트렁크에 음식을 가득 싣고 그리운 고향 길을 향하는 마음은 언제나 즐거운 일이다. 이젠 요령이 생겨 가장 편한 시간을 정해 그리 힘들지 않게 고향 길을 나서게 된다. 가장 차량 통행이 적은 시간대를 이용해 대구로 향했다.

복잡한 시내를 거쳐 고속도로를 한참 달릴 즈음 차에서 이상한 냄새가 나는 것 같았다. 잠시 차를 세워 놓고 내가 직접 내리지 않고 내수도한테 타이어에 이상 있나 한번 확인하라고 했더

니 "별 다른 이상이 없는데…" 라는 말에 아무 생각 없이 또 달리기 시작했다.

왠지 느낌이 좋지 않아 속도를 80km이하로 달렸다. 창녕을 지날 즈음 갑자기 "펑~" 하면서 차체가 크게 흔들리면서 핸들이 요동을 치기 시작했다. 순간 "죽었구나!" 생각하면서 정신을 차렸다. 우선 차를 정지시켜야 한다는 생각이 번쩍 들어서 핸들을 오른쪽으로 틀면서 우측 가드레일을 물고 가면서 차를 세웠다. 가드레일에 부딪히면서 약 100m 정도 가서야 차가 멈췄다. 앞 타이어는 완전히 터지고 엔진에서 연기가 나는 게 정말 장난이 아니었다. 라디에이터가 터진 것인지 물이 줄줄 흘러내리고 차량 오른편은 앞, 뒤 문짝이 모두 망가졌고 차 전체가 엉망진창이 되었다. 다행히 운전석엔 에어백이 있어서 나는 별다른 상처를 입지 않았다.

그 와중에도 뒷좌석에 탄 애들을 먼저 꺼내고 나서 내수도를 꺼내려 하니 엔진에서 나오는 연기 때문에 조수석에 앉은 내수도가 보이질 않았다. 얼른 운전석 문을 열고 내수도를 구하려 하니 내수도는 고개를 푹 숙인 채 아무런 미동도 없이 고꾸라져 있었다. 순간 "아~ 일이 크게 벌어졌구나!" 불안한 생각이 들었다. 침착히 내수도를 흔드니까 숙인 고개를 들면서 눈을 뜨는 것이었다. 어찌나 고마운 지 온 힘을 다해 의자를 뒤로 당겨놓고 내수도를 꺼내놓고 도로에 푹 주저앉으면서 한울님께 감사의 기도를 드렸다. 오른손에 염주가 쥐어진 채로…

나는 에어백 덕분에 아무런 상처가 없었고 애들은 둘째가 막내를 껴안다가 앞 의자에 부딪혀 조금 타박상을 입었을 뿐 큰 외상이 없었으며 죽었다 싶었던 내수도는 앞 유리에 부딪혀 조금 통증을 느낄 정도로 아주 경미한 타박상을 입었다.

차를 견인하러 온 견인차 운전기사가 사람은 어찌 되었냐고 물었을 때 "여기 있잖아요?" 하니까 이 정도로 차가 망가졌는데 피 한 방울 흘리지 않고 가족 모두가 이렇게 깨끗한 걸 보니 하늘이 도왔다며 정말 운이 좋다면서 위로를 해 주었다. 우리 가족이 큰 교통사고를 당했는데도 피 한 방울 흘리지 않은 채 무사하게 살아남은 것은 바로 한울님의 은덕이라고 생각했다.

평소 아버님의 지극한 정성으로 우리 가족은 항상 건강하게 잘 지낼 수 있었고 한울님의 감응으로 큰 화도 면할 수 있었다고 생각한다. 지금까지 화목하게 잘 살아 갈 수 있도록 도와준 것은 바로 한울님의 깊은 사랑의 힘이라고 생각한다. 교통사고 이후 우리 가족은 새로 태어났다고 생각하고 한울님과 스승님 말씀대로 열심히 생활하려고 노력하고 있다.

그리고 어떠한 경우라도 남에게 맡기지 않고 스스로 확인해서 처리하고, 미리 대비하고 준비하는 습관도 가지게 되었다. 또한 한울님의 존재를 확실하게 느낄 수 있는 좋은 기회가 되었다.

보석같은 한울님의 존재를 믿는 순간 우리 가족의 삶은 빛이 나기 시작했고 내 안의 보석을 보다 더 아름답게 가꾸기 위해 모두가 함께 신앙에 동참하는 가족이 되었다. 이제 우리는 한울님의 작은 사랑에도 감동 받으면서 우리의 삶에 있어서 용기와 힘을 얻을 수 있어 너무나도 행복하다.

| 용 암 주 용 덕

천도교의 발생과 연혁

1. 천도·동학 – 천도교의 창명

천도교는 포덕(布德) 원년(단기 4193, 서기 1860, 庚申) 4월 5일 우리나라 경주 용담(龍潭)에서 수운 대선생(최제우) 선생의 득도(得道)에 의해 창도된 새 종교이다. 초기에는 동학(東學)이라고 하다가 포덕 46년(1905) 12월 1일 의암 손병희(義菴 聖師 孫秉熙) 선생에 의해 천도교(天道教)로 대고천하(大告天下)되어 오늘에 이르고 있다.

천도교가 우리나라에서 나오게 된 배경은 한민족의 유구한 역사와 정신적 토양에서 찾아볼 수 있다. 우리 민족은 아득한 옛날부터 천신(天神) 숭배신앙과 함께 단군의 홍익인간(弘益人間) 사상을 이루어 왔고, 유불선(儒佛仙) 삼교(三教)를 포용한 풍류도(風流道)라는 민족고유의 신앙을 갖고 동방문화의 원류를 이루고 있었다.

그 후 삼국시대에 이르러 유교, 불교, 선교 등의 종교가 대륙으로부터 들어오면서 재래의 소박한 민족신앙은 햇빛을 보지 못하고 뒤로 밀려나게 되었다. 그러나 민족신앙의 뿌리는 민중 속에 자리잡고 외래문화를 극복하여 한국화(韓國化)하는 바탕이 되었다. 즉, 신라, 고려에 걸쳐 불교 전성기를 나타내고 다시 조선시대에는 유교의 전성기를 이루었으나 우리의 민족문화는 외래문화에 동화되지 아니하고 민족 자주성을 살려오고 있었다.

그러다가 조선조 말기에 유교가 쇠퇴하고 사회가 극도로 부패하여 민생이 도탄에서 헤맬 때 서양으로부터 물질문명과 함께 천주교가 들어오게 되었고 한편으로 서구열강의 동양침략이 본격화되면서 민심이 매우 불안해지는 등 위기가 고조되었다. 그래서 백성들은 「정감록(鄭鑑錄)」등의 참서를 믿고 십승지지(十勝之地)를 찾는가 하면 혹은 천주교에 쏠리기도 하였다. 여기에 흉년이 들고 전염병이 퍼지면서 도적떼가 날뛰고 민란이 일어나는 등 각자위심(各自爲心)으로 사회가 극도의 혼미상태를 보이고 있었다.

이러한 가운데 기성종교는 민심을 이끌만한 힘이 없어 우리사회는 새로운 문화교체의 대전환을 요청하게 되었고 새 종교가 나와야 할 필연성을 갖게 되었다.

마침내 수운 대선생(최제우)께서 "십이제국 괴질운수 다시개벽 아닐런가"라고 하시며 제세안민(濟世安民)의 대도(大道)를 구하기 위하여 모든 종교사상을 연구하고 10여년간 주유천하(周遊天下) 하시면서 인심풍속을 살피고 49일 기도를 봉행하는 등 오랜 구도고행(求道苦行)을 거듭한 끝에 드디어 경신(庚申, 1860년, 단기 4193)년 4월 5일 한울님의 계시로 무극대도(無極大道) 동학(東學)을 창건하게 된 것이다.

대신사는 "도(道)는 천도(天道)요, 학(學)은 동학(東學)"이라 하셨다. 그리고 동학은 "옛날에도 듣지 못하고 오늘에도 듣지 못하고, 옛날에도 비할 수 없고 오늘에도 비할 수 없는 새로운 진리"라고 말씀하셨다. 수운(水雲)선생은 사람마다 한울님을 모시고 있다는 시천주(侍天主)의 새로운 신앙과 사람이 곧 한울이요, 사람을 한울같이 섬겨야 한다는 인내천(人乃天), 사인여천(事人如天)의 진리를 설법하시면서 포덕(布德)을 하시는 한편 동경대전(東經大全)과 용담유사를 직접 서술했는데 이것이 동학, 천도교의 기본 경전이다.

2. 정부의 박해와 지하포덕

수운(水雲) 대선생이 포덕을 시작하자 나날이 입도하는 사람이 늘어나 성황을 이루었다. 그러자 동학을 음해중상하고 심지어 서학(西學)으로 왜곡하는 경우도 있었으며, 관(官)의 지목(指目)도 심해졌다. 수운(水雲) 대선생은 머지않아 불길한 일이 있을 것을 예견하고 포덕교화에 더욱 박차를 가하면서 천도의 기초를 다졌다. 또한 포덕 4년(1863) 8월 14일에는 해월 선생 최경상(海月 神師 崔慶翔, 후에 時亨으로 고침)선생 에게 도통(道通)을 전수하는 등 후계체제도 확고히 하였다.

이렇게 교세가 확산되자 조정에서는 동학을 이단(異端)으로 몰아 결국 수운(水雲) 대선생은 41세 때인 포덕 5년(1864) 3월 10일 대구장대에서 좌도난정율(左道亂正律)로 참형을 당해 순도하셨다.

그 후 동학은 제 2세 교조 해월 선생의 지도 아래 지하 포교활동을 하게 되었다. 해월선생는 대도창명의 무거운 짐을 지고 36년간 강원도 태백산, 소백산, 일월산 등 산간벽지로 쫓겨 다니시면서 포덕교화를 계속하였다. 특히 이필제가 일으킨 영해 교조신원운동(포덕 12년)으로 더욱 무서운 지목이 계속되는 상황에서도 수련을 게을리 하지 않았을 뿐 아니라, 가시는 곳마다 나무를 심고 멍석을 내고 짚신을 삼고 노끈을 꼬는 등 천도를 체행(體行)하셨다. 또한 수차 경전을 목판으로 간행하여 동학의 터전을 튼튼히 다졌다.

3. 교조 신원운동과 동학혁명

이리하여 해월선생 말기에는 교세가 전국적으로 퍼져 무려 수십만의 교도를 확보하게 되었고, 드디어 포덕 33년(1892) 10월에는 공주에서 1,000여명이, 같은 해 11월에는 전주 삼례역에 수천명의 교도가 모여 대신사의 억울한 죽음의 누명을 풀어줄 것과 동학에 대한 신앙의 자유를 요구하는 이른바 교조신원운동(敎祖伸寃運動)을 일으켰다.

그 다음해인 포덕 34년(1893년) 2월에는 서울 광화문에서 수천명이 복합상소운동을 일으켰고, 이어 3월에는 보은에 무려 3만명이 모여 20여 일간이나 대대적인 시위를 감행하였는데, 이때 동학은 수운(水雲) 대선생의 신원뿐만 아니라 척양척왜(斥洋斥倭), 보국안민(輔國安民)의 기치를 내걸며 외세의 배격까지 요구하였다.

그러나 조선조 당국은 동학의 요구를 묵살한 채 더욱 박해를 가하는 한편 농민에 대한 수탈행위도 계속하였다. 이중에서도 전라도 고부군수 조병갑의 횡포와 학정은 그 정도를 말로 표현하기 어려울 정도여서 수차례에 걸쳐 진정을 하던 동학 교도들은 마침내 포덕 35년(1894) 3월 21일(음) 해월선생의 생신날을 기해 고부 백산을 근거지로 갑오동학혁명(甲午東學革命)의 횃불을 높이 들게 되었다. 동학혁명군은 욱일승천의 기세로 삼남 일대를 석권하고 4월 23에는 전주성을 점령하고 서울 진입을 눈앞에 두었으나, 청·일 양국에 개입의 구실을 주지 않기 위해 북상을 중단하였다. 그리고 관군과 협상을 벌인 끝에 전주성을 양도하고 전라도 지역 53개 군현에 집강소(執綱所)를 설치하여 민정을 실시함으로써 실로 근대적인 민주화 운동의 효시를 이루었다.

그러나 조정의 요청으로 청일 양군이 진주하게 되자, 동학군은 나라를 지키기 위하여 그해 9월 해월 선생의 총기포령에 따라 다시 기포(起包)하여 일본군과 처절한 전투를 벌였다. 그러나 막강한 화력과 관군의 지원을 앞세운 일본군을 당해내지 못하고 공주 우금치 혈전을 고비로 무려 30만명의 희생을 내고 좌절되고 말았다.

4. 의암 손병희 선생의 교단재건과 3·1운동

그 후 해월선생는 포덕 38년 12월 24일 의암 손병희(義菴 聖師 孫秉熙) 선생에게 도통을 전수한 후 관헌에 체포되어 포덕 39년(1898) 6월 2일 경성감옥에서 교수형을 받아 순도(殉道)하셨다. 이로부터 동학은 제 3세 교조(敎祖) 의암 성사 지도 밑에 교단을 정비 확장해 나가게 되었다.

동학혁명 후 일본으로 망명했던 의암 손병희 선생은 포덕 45년(1904)에 열강의 각축장에서 나라를 지키기 위해 다시 갑진개화혁신운동(甲辰開化革新運動)을 일으켰다. 동학은 국민의 단결을 촉구하고 세계문명에 동참한다는 의지를 보이기 위해 8월 30일 전국 각지에서 백만명의 교도가 일시에 흑의단발(黑衣斷髮)하고 민폐제거와 무명잡세 혁파, 나아가 부패한 정부의 탄핵을 주창하였던 것이다.

그러나 운동의 배후가 동학임을 알게 된 정부에서 본격적인 탄압에 착수하고 친일파 이용구 등이 배신함에 따라 실패로 돌아가고 말았다. 그러자 의암 손병희 선생은 포덕 46년(1905) 12월 1일 동학(東學)을 천도교(天道敎)로 대고천하(大告天下)한데 이어 이듬해 1월 일본으로부터 귀국, 서울에 천도교 중앙총부를 설치하고 천도교 대헌(大憲)을 반포하였다. 아울러 이용구 이하 간부급 친일배교분자 62명을 출교 처분하는 등 종단체제를 쇄신(一新)함으로써 근대적 종교체제를 갖추었다.

그 후 의암 손병희 선생은 포덕 49년(1908) 1월 18일 춘암 박인호(春菴 上師 朴寅浩)선생에게 대도주(大道主)의 종통을 넘긴 후, 교세확장과 함께 교육활동 등을 통한 민족실력 양성에 박차를 가하였다. 그러나 포덕 51년(1910) 경술국치를 당하게 되자 "앞으로 10년 안에 국권을 회복하리라"고 다짐하고 독립운동에 착수하였다.

우선 우이동에 봉황각(鳳凰閣) 수도원을 설립하여 지방 대표 약 500명을 뽑아 7차에 걸쳐 수련을 실시, 독립정신을 고양시킴으로써 독립운동 거사의 주동이 되게 하였다. 또한 일제의 눈을 피해 독립운동 자금을 마련하기 위해 중앙대교당 신축 기금을 모으기 시작했고, 전국 천도교 교구에 등사기를 마련하는 등 만반의 준비를 갖춰 나갔다. 특히, 3·1일 운동을 앞둔 기미년 1월 5일부터 2월 22일까지 49일간에 걸쳐 전국 교도들로 하여금 광복 특별기도를 행하게 하였다.

또한, 구한말 시대 중요 인물들은 물론 기독교와 불교측의 합류를 이끌어내는 등 거족적인 운동을 추진해 나갔다. 특히, 당시 교파와 개별 교구 중심으로 활동하던 기독교측에는 운동자금을 지원하고, 주요 인물들을 민족대표에 위촉하는 등 물밑노력을 기울였다. 이리하여 포덕 60년(1919) 드디어 기미 3·1 독립운동이 일어나게 되었다. 3·1 운동은 천도교, 기독교, 불교 3개 종단의 연합으로 일어난 운동이었으나, 사실상 천도교가 자금을 전담하고 독립선언서를 인쇄하는 등 주도했던 것이다.

그러나 이로 인하여 천도교는 의암 손병희 선생을 비롯, 전국 각지의 교역자 1,300여명이 체포 수감되고, 재산을 압수 동결당하는 등 일제의 극심한 탄압을 받았다. 더구나 의암성사는 가혹한 고문을 받으며 옥고를 치르고 병보석으로 풀려나왔으나 포덕 63년(1922) 5월 19일 순도하셨다.

5. 일제하의 민족독립운동

천도교가 3·1운동으로 인해 입은 피해는 실로 막심하였다. 그러나 청년 교역자들을 중심으로 흐트러진 조직을 수습하면서 구국운동에 다시 나서는 등 백절불굴의 저력을 보여주었다.

1) 신문화 운동

3·1운동 직후 한때 공백에 빠졌던 천도교는 젊은이 중심의 '천도교 청년 교리강연부'가 포덕 60년(1919) 9월 발족되면서 활기를 찾기 시작했다. 교리강연부는 이듬해 3월 '천도교 청년회'로, 다시 '천도교 청년당'(포덕 64년), '천도교 청우당'(포덕 72년)으로 꾸준히 확대 개편하면서 농민·노동·소년·여성·학생·청년·상민 운동 등 이른바 7개 부분 운동을 전개하며 민족 계몽과 독립의식 고취에 앞장섰다.

포덕 61년(1920) 근대적 종합잡지 월간 「개벽」을 창간하고, 포덕 63년(1922)에는 '천도교 소년회'를 조직한 후 '어린이 날' 선포·'조선소년운동협회' 결성 등 어린이 운동을 전개하였는가 하면, 포덕 66년(1925) 10월 '조선농민사'를 세워 농촌계몽에도 힘썼다.

또한, 여성조직인 '천도교 내수단'을 결성하고 「부인」·「신여성」등 잡지를 발행하며 남녀평등 실현에 앞장섰다. 무엇보다, 의암성사 생존 당시 64명의 국내 젊은이들은 천도교 재정으로 일본에 유학시킨데 이어 보성학교(현재의 보성중고교와 고려대)·동덕여학교를 비롯, 양영학교·보창학교 등 전국 31개의 학교 운영에 기여하는 등 민족교육에 앞장섰다.

2) 오심당 사건

천도교 청년당은 조국독립을 위해 포덕 63년(1922) 가을에 김기전·박사직·박내홍 등 6명을 주축으로 비밀결사체인 불불당(不不黨)을 조직, 포덕 67년말(1926) 오심당(吾心黨)으로 개칭하면서 조직을 전국적으로 확대하였다. 오심당은 머지 않아 일본제국주의가 위기를 맞을 것에 대비하여 비밀리에 독립자금을 모으고 국내 종교단체·유력인사 결속에 나서는 한편, 멀리 소련·중국·일본 등에 당원들을 파견하여 국제정세를 파악하는 등 대중적 운동을 추진하였다.

오심당은 그 후 일제의 엄중한 감시 속에서도 약 12년간에 걸쳐 비밀운동을 전개하였으나, 포덕 75년(1934) 9월 일경에 발각, 230여명이 검거되고 자금 2,300여원이 압수당하면서 막을 내렸다. 그러나 오심당은 일제의 대륙침략이 본격화되던 시기에 꺼져가던 독립의식을 되살렸다는 점에서 그 의의가 크다.

3) 6·10 만세운동과 신간회

1920년대 중반 들어 국내외 독립운동이 위축되던 상황에서, 포덕 67년(1926) 봄부터 청년 학생들을 중심으로 순종황제 장례일인 6월 10일을 기해 대규모 만세운동이 추진되었다. 당시 천도교는 청년 간부 박래홍을 내세워 노동계와 제휴, 활동자금을 지원하고 선전지를 인쇄하는 등 준비에 적극 참여하였으나, 6월 6일 천도교측을 감시하던 일경에게 인쇄물을 발각당하면서, 탄로가 나고 말았다. 당시 학생 중심의 일부 운동은 발각되지 않아 부분적으로 만세시위가 이뤄졌으나, 천도교는 또다시 수많은 청년 간부들이 체포 수감되는 혹독한 시련을 겪었다.

또한 당시 국내에서는 좌우익 합작에 의한 독립운동의 필요성이 꾸준히 제기, 포덕 68년(1927) 1월 초순에는 각계 인사들이 조선일보사에 모여 민족단일당 결성문제를 본격 논의하였다. 천도교측은 춘암 상사의 지시로 권동진·이종린·박래홍 등 핵심 간부들이 준비단계에서부터 참여하면서 민족단일당인 신간회가 창립될 때까지 자금을 부담하는 등 주도적인 역할을 수행하였다.

그해 1월 19일 드디어 회장에 이상재, 부회장에 권동진, 총무간사에 박래홍 등을 임원으로 하여 신간회가 결성되었다. 이후 신간회는 전국 순회강연, 광주학생운동 지원 등에 나섰으나, 일제의 사찰 강화와 신간회내 좌우익간 갈등 등으로 인해 포덕 72년(1931) 5월 해산되었다.

4) 무인(戊寅) 멸왜기도 운동

1930년대 일제의 탄압이 더욱 심해지던 때 의암성사님 환원이후 정신적 지도에 전념하며 송죽같은 절개를 지키시던 천도교 제 4세 대도주 춘암 상사는 포덕 77년(1936) 8월 14일 교내 주요 간부들을 불러 일제의 패망과 나라의 독립을 기원하는 비밀기도운동을 전개할 것을 지시하였다.

춘암 박인호 선생은 천도교 경전의 「안심가」문구를 인용하여 "무궁한 내 조화로 개같은 왜적놈을 일야(一夜)간에 멸하고서 전지무궁 하여놓고 한(汗)의 원수까지 갚겠습니다."라는 내용의 기도를 새벽과 저녁 기도식 때는 물론 하루 일과 중에도 무시로 심고(心告) 하도록 하였다. 이와 함께 유사시를 대비하여 독립자금으로 특별성금까지 모금하였다.

그런데 포덕 79년(1928, 戊寅年) 2월 황해도 신천교구에 위장 전입한 일경의 앞잡이에게 발각되어 황해도 연원대표 홍순의를 비롯, 최준모·

한순희 등 서울의 중앙간부 등 수백명이 체포 투옥당하였다. 당시 노환중이던 춘암 박인호 선생은 병상 심문만을 받았으나 수많은 교인들이 혹독한 고문을 당하여 4명이 사망하고 많은 이가 반신불수가 되었다.

그 후 춘암 박인호 선생은 일제의 가혹한 탄압에도 굴하지 않고 "참에 살고 거짓에 죽는다"는 신념아래 오로지 성실과 정직으로 일관하시며 천도교를 지키시다 포덕 81년(1940) 4월 86세로 환원하였다. 무인 독립운동은 일제하 가장 혹독했던 수난기에 천도교의 불굴의 독립의지를 보여준 대표적 사례이다.

5) 해외에서의 독립운동

또한 천도교는 3·1운동을 주도한 후 상해 임시정부를 비롯, 중국과 만주, 러시아 등 해외에서 많은 교인들이 항일독립운동에 적극 참여하였다. 당시 천도교 의주 대교구장 최석련, 선천 대교구장 이군오 등은 중국과 만주 등지의 독립운동단체들에게 군자금을 보내고 국내 정세를 알려주는 등 국내외 독립단체간 교섭에 중심적 역할을 하였으며, 최동오·김의종 등은 상해 임정에 참여하여 활발하게 활동하였다. 특히 대구 대교구장을 역임한 신숙은 포덕 71년(1940) 7월 만주지역의 독립단체를 망라한 한국독립당을 창설하고 이듬해 한국독립군 편성을 주도, 참모장(총사령관 이청천)을 맡기도 하였다. 제 2세 교조 해월선생의 장남 최동희는 3·1운동 직후 블라디보스톡에서 대한민국의회정부를 발족시킨데 이어 포덕 67년(1926) 3월에는 형평사, 만주 정의부 등과 연대하여 고려혁명당을 결성하기 하였다. 당시 천도교인들은 일제를 물리치기 위해서 좌우익을 가리지 않고 폭넓은 무장독립투쟁을 벌였으며 그 방법이 어느 단체보다 실질적이었다.

6. 광복과 남북분열저지 운동

8 · 15 해방이후 우리나라는 일제 치하에서는 벗어났으나 미 · 소 양국에 의해 남북이 분단되고 외세 추종세력이 오히려 득세하면서 민족주의 세력이 다시 밀려나게 될 상황에 처하였다. 이때 천도교는 일제 때 와해되었던 청년조직 청우당(靑友黨)을 부활시키고 「개벽」잡지를 복간하는 등 전열을 재정비하며 민족 결집에 나섰다.

1) 3 · 1 재현운동

우선 천도교 원로들은 미 · 소 양국에 의한 신탁통치안이 추진되고 국내 여론이 분열상을 보이고 있을 무렵인 포덕 89년(1948) 1월 수차에 걸쳐 비밀논의를 통해 당시 반탁에서 찬탁으로 돌아선 북한 공산당을 규탄하는 등 민족분열 기도를 막기로 하고, 3 · 1절을 계기로 북한의 2백 8십여만 교도가 앞장서서 통일운동을 전개하기로 하고 북한지역 간부들에게 비밀지령을 내리기로 하였다.

천도교 중앙총부는 「통일선언문」과 거사의 비밀 지령문을 전달하기 위해 박현화, 유은덕 두 명의 여성을 밀사로 파견하였으며, 그중 박현화는 그해 2월에 평양에 도착, 김덕린 북한 천도교 연원회 상무에게 밀서를 전달하는데 성공하였다. 이리하여 북한 천도교는 김일대, 김덕린 등이 중심이 되어 각 시군 단위까지 거사 동원 체제를 갖춰나갔다.

그러나 밀사 유은덕이 해주에서 체포되어 처형당하는 등 공산당국에 의해 계획이 탐지되어 2월 24일 밤부터 1만 7,000여명의 교인들이 투옥

되고 주동자 87명이 평양 감옥으로 압송, 최하 4년형 복역에서 사형에 이르는 중형을 받았다. 하지만, 영변, 희천, 개천 등지에서는 공산 당국의 발포와 제지에도 불구하고 상당한 규모의 시위가 전개되었다.

2) 영우회 운동

3·1 재현운동이 좌절되었음에도 북한지역의 남은 천도교인들은 뜻을 굽히지 않고 재차 거사를 도모하기로 하고 비밀결사인 '영우회(靈友會)'를 조직하였다.

'영우회'는 포덕 89년(1948) 5월 1일 7인이 기초가 되어 북한 全지역에까지 확대, 수십만의 조직망을 확보했으나, 6·25 직전인 포덕 91년(1950) 4월경 공산당국에 의해 탄로되어 무수한 교인들이 희생당했다.

영우회 사건은 공산당국의 주모자 165명에 대한 처형 판결문에도 나와 있듯이 3·1 재현운동의 연장선이었으며, "남북 통일정부가 수립되는 최후의 일각까지 이 운동을 계속한다"는 강령을 보더라도 민족통일에 대한 천도교인들의 신념이 얼마나 굳건했는지를 잘 보여준다.

7. 6·25 전쟁 수난기와 체제 재정비

천도교가 북한지역에서 남북분열 저지 운동을 전개하다 공산당국의 가혹한 탄압을 받았다면, 남한 지역에서도 단독정부를 세우려는 이승만 정부로부터 크고 작은 견제를 무수히 받았다. 즉 민족 주체세력인 천도교는 분단세력 양쪽으로부터 탄압과 견제를 받았던 것이다.

이미 천도교는 포덕 89년(1948) 4월 김일성의 제의로 김구 등 분단저지파가 참가했던 평양 남북한 정당사회단체회의에 신숙·최동오 등 핵심 간부들은 물론 김병제·허경일 등 청년 학생들을 대거 대표단에 포함시키면서 이승만 정부와 갈등을 빚기 시작했다.

이후 자유당 정부는 6·25 발생 전해인 포덕 90년(1949) 8월 천도교인 30명을 북한 간첩으로 조작하여 체포하는가 하면, 같은 해 12월 천도교 청우당의 정당 등록을 취소하는 등 노골적으로 탄압을 자행했다. 이런 상황에서 천도교인들은 무엇보다 내부단합이 중요하다는 판단 아래, 포덕 89년 4월 교인합동대회를 열고 지도체제를 재정비했으나, 포덕 91년(1950) 6·25가 발생하면서 지도부는 부산으로 피난하는 등 많은 곤란을 겪었다.

하지만 북한 지역에서 공산당을 피해서 많은 교인들이 내려오면서 새로운 전환을 맞게 되었는 바, 당시 북한지역의 수많은 천도교인들은 전쟁에 강제 동원되었다가 포로가 되어 거제 포로수용소에 수용되었는데, 이들은 수용소 내 친공(親共) 포로들과 싸우면서 일요일마다 궁을기를 달고 시일식을 보았으며, 반공포로 석방당시에는 3,354명이 한꺼번에 궁을기를 앞세우고 귀환하기도 하였다.

천도교는 6·25가 끝난 직후인 포덕 96년(1955) 1월 '천도교 중앙총부'로 공식 명칭을 사용하고 일인 지휘체계인 교령제를 채택하는 한편, '포덕 백주년 기념사업'(포덕 99년)과 의암성사 기념사업(포덕 100년)을 벌이는 등 활력제고에 주력하였다.

그러나 천도교의 본격적인 정비는 자유당 정부가 무너진 이듬해인 포덕 102년 4월 신용구 교령이 취임하면서였다. 천도교는 신용구 교령 체제하에서 부(副)교령제 대신 종무원장제를 도입하고, 수도연성과 교리연구를 독려하는 한편, 갑오동학혁명기념탑 건립(포덕 104년). 3·1운동

이후 순도순국 선열 합동위령식(포덕 104년), 수운 대신사 동상건립(포덕 105년) 등 왕성한 활동을 전개하였다.

8. 새로운 중흥에의 길

신용구 교령이 포덕 108년(1967) 환원함에 따라 천도교는 민주적 절차에 따라 선출된 후임 교령들을 중심으로 수도연성과 포덕교화에 진력하였다. 수운회관을 건립하고, 구미 용담성지를 성역화하는 한편, 사회 각계 인사들과 인간존엄성 찾기 운동을 수차례 전개하는 등 사회지도 이념으로서의 역할을 다하기 위해 노력하였으며, 나아가 남과 북을 아우르는 통일철학 제시에도 남다른 노력을 기울였다.

흔히들 '역사는 과거와 현재의 대화'라고 한다. 사실, 북한에는 공산주의가, 남한에는 자본주의가 들어서고, 특히 사회 전반에 서구 물질문명과 사상이 확산되면서 우리 고유사상의 정수(精髓)라고 할 수 있는 동학 천도교는 직·간접적으로 억눌리고 왜곡당하면서 본래의 면목을 제대로 드러내지 못하고 있는 형편이다.

이제 천도교는 수운 최제우 대선생의 창도정신과 선열들의 고귀한 희생을 오늘에 되살려 먼저 우리 사회 구성원 모두가 본래의 한울마음과 성품을 회복케 하고, 우리 민족이 한시바삐 통일을 이루도록 하는 것은 물론, 나아가 세계문명의 발전을 선도하면서 각국이 천포형제(天胞兄弟)처럼 지내는 지상천국을 건설하는데 혼신의 노력을 다해 나갈 것이다.

영적실기

저　자 | 동귀일체
발행자 | 오 진 현
펴낸곳 | 글 나 무

서울·중구 저동 2가 78번지 비즈센터 905호
전화 | 02-2272-6006 팩스 : 2277-6685
등록 | 1988년 9월 9일(제2-672호)

2008년 4월 25일 초판 인쇄·발행

ISBN 978-89-91356-37-5 03810

값 10,000원